AF356587

Imprimerie de Gustave GRATIOT, 11, rue de la Monnaie.

LA
FORTIFICATION

Paris. — Imp. Beaulé, 10, rue Jacques de Brosse.

LA
FORTIFICATION

MISE A LA PORTÉE

Des Officiers de l'Armée et des personnes qui se livrent à l'étude de l'histoire militaire

(AVEC ATLAS.)

PAR HENRY YULE

Lieutenant du Génie de l'armée du Bengale

TRADUIT DE L'ANGLAIS

Par M. SAPIA

Chef de bataillon d'Artillerie de Marine

Et M. RIASSELEN

Capitaine du Génie

PARIS

LIBRAIRIE MILITAIRE, MARITIME ET POLYTECHNIQUE

De J. CORRÉARD

Libraire-éditeur et libraire-commissionnaire

RUE SAINT-ANDRÉ-DES-ARTS, 58

1858

PRÉFACE DE L'AUTEUR.

—

Lors même que les réglements des Horse-Guards et de
la Compagnie des Indes n'exigeraient pas des officiers la
connaissance de la fortification, il n'est point douteux
que tout militaire, désireux de se distinguer, ne saurait
demeurer étranger à cet art et à ses usages, dût-il même
n'être appelé jamais à fortifier une position en campagne,
à tracer le plan d'une citadelle, ou, comme commandant
en chef, à peser les mérites du projet d'un ingénieur.
Il est d'un fâcheux effet de voir un officier ignorer même
l'alphabet d'une branche de la science des armes dont la
connaissance est essentielle à l'intelligence de l'histoire
militaire, ne pas savoir quelquefois distinguer une *rampe*
d'une *traverse*, et n'avoir aucune idée nette de la conception et de la construction d'ouvrages dans lesquels ou hors
desquels il peut, d'un jour à l'autre, avoir à se frayer
un chemin. « Un des détachements repoussés dans la
» tentative sur Berg-op-Zoom (1814), dit sir J. Jones,
» se trouvant exposé aux vues et aux feux immédiats de
» tout un front, il fut résolu de battre en retraite ; mais
» aucun officier, parmi les assaillants, n'étant suffisam-
» ment familiarisé avec les détails de la fortification, pour
» indiquer la retraite sûre qu'offrait le chemin couvert, le
» détachement entier vint se précipiter dans la commu-
» nication qui conduit au fort d'Eau. » (*Jones's sieges.*)
Mais la guerre offre bien d'autres occasions où la con-

naissance de la fortification peut mettre un officier d'infanterie à même de rendre de bons services. « Il est utile
» de rappeler, dit le colonel Reid, que les postes exté-
» rieurs du 52ᵉ régiment, à Bayonne, avaient été si bien
» fortifiés par un capitaine de ce régiment, que les pi-
» quets n'eurent à se replier en arrière qu'après avoir
» entièrement épuisé leurs 60 cartouches d'approvision-
» nement par homme. Cet officier s'était exercé à forti-
» fier des postes par des barricades et d'autres obstacles
» temporaires. »

Un des jeunes militaires les plus distingués de nos
jours s'exprime en ces termes : « On peut aisément con-
ɾ cevoir combien je sentis alors le besoin d'une bonne
» éducation militaire, et de cette connaissance pratique
› de la fortification de campagne, que tout cadet désireux
» de bien servir, peut acquérir à Addiscombe ou à Sand-
» hurst. Je n'avais pas eu cet avantage ; et il en résulta
» que moi, lieutenant commissionné dans une armée ap-
» partenant à la nation la plus civilisée du xixᵉ siècle, je
» fus souvent conduit à imiter le système de fortification
‹ dont l'une des races les plus barbares de l'Asie, a hé-
» rité, je pense, des constructeurs dispersés de Babel. »
» (Major H. B Edwardes's *Year in the Punjab*, vol. 1).

Un abrégé du présent ouvrage fut imprimé l'an passé
(1850), pour l'usage de l'Académie navale et militaire d'E-
cosse, à Edimbourg. L'approbation de personnes compé-
tentes, et l'élan imprimé dans ces derniers temps aux
études militaires, ont suggéré l'idée de le publier tout
au long dans sa forme actuelle.

Les principes de la fortification sont peu nombreux, et

consacrés par une antique expérience; ses détails (au
oins ceux de la fortification de campagne) sont encore
à peu près les mêmes qu'au temps où, dans les plaines
de Troïe, le vieux Nestor conseillait aux « Grecs cui-
rassés d'airain, » d'entourer leur camp d'un retranchement palissadé. Le but de l'auteur a été de présenter les
plus essentiels de ces principes et de ces détails, dans un
ordre naturel et facile à lire, d'éclaircir ces vieux adages
par de modernes exemples, et d'animer par le récit de
divers épisodes, une étude trop souvent considérée par
les militaires, comme un mélange obscur et fastidieux
de jargon technique et d'épures aux angles étranges.

Il manquait sur la fortification un ouvrage conçu dans
les limites et dans l'esprit que l'on vient d'exposer. Ceux
qui voudraient en poursuivre l'étude avec de plus amples
détails, pourront consulter avec avantage le brillant Essai
de Bousmard, ou le savant et lumineux, Traité de mon
ancien maître, le major Straith (1).

Edimbourg, 1851.

(1) Cette préface explique suffisamment le but de l'auteur pour qu'on
ne soit pas surpris de le voir çà et là, glisser rapidement sur quelques points qui demanderaient beaucoup plus de développements.
On n'a pas cru, pour les mêmes raisons, devoir chercher à compléter ses indications; ç'eût été empiéter sur les ouvrages plus
détaillés, tels que ceux dont parle H. Yule, et surtout changer le
caractère de cet ouvrage.

(Note du Traducteur).

LA FORTIFICATION

Mise à la portée des officiers de l'armée et des personnes qui se livrent
à l'étude de l'histoire militaire,

CHAPITRE PRÉLIMINAIRE.

Problèmes de géométrie. — Définitions. — Portées des armes à feu.

Un *plan* est un dessin qui fait voir un objet dans
ses dimensions horizontales seulement : telle serait
la représentation que l'on obtiendrait sur une surface horizontale s'étendant au-dessus de l'objet, par
la rencontre de cette surface avec une série de
rayons ou de lignes droites s'élevant verticalement de
chacun des points de l'objet. Les cartes ordinaires
des pays et des villes sont des *plans*. De l'inspection

d'une carte d'Europe, l'on peut déduire avec certitude la longueur de la chaîne des Alpes, ou la largeur du détroit du Pas-de-Calais; mais l'emploi des échelles n'y peut être d'aucun secours pour en conclure la hauteur de l'une, ou la profondeur de l'autre.

Une *élévation* représente les dimensions extérieures d'une des faces de l'objet : on la suppose décrite par des rayons ou des lignes droites, menées horizontalement de chacun des points de l'objet, jusqu' leur intersection avec une surface verticale donnée.

Une *section* d'un objet suivant une direction donnée, verticale ou horizontale, est, dans le premier cas, l'élévation ; dans le second, le plan que fournirait l'objet, en supposant qu'il ait été fendu, coupé suivant la direction donnée et que l'on ait enlevé toute la position de l'objet située entre l'œil et le plan de la coupure.

Un *plan* du château d'Edimbourg ferait voir aux yeux tous les contours horizontaux de la colline, tous les chemins, toutes les places, et tout ce qu'enferme et entoure l'enceinte des batteries et des remparts ; mais on n'en tirerait aucun renseignement sur la hauteur du rocher, des murs ou des casernes. Une *élévation* montrerait la hauteur du rocher et des murs, et l'aspect architectural des édifices, vus suivant une de leurs faces. Mais ni plan ni élévation ne nous renseignerait sur l'épaisseur des murs de revêtement, ou le degré d'inclinaison qu'on a pu leur donner. Procurons-nous une *section* dirigée verticalement à travers quelques parties des ouvrages, et nous connaîtrons alors en cette partie l'épaisseur et le talus des murailles.

Ainsi encore, le *plan* d'une colonne cylindrique sera simplement un cercle ; sa *section verticale*, un rectangle debout ; son *élévation*, un rectangle pareil, ombré de manière à indiquer aux yeux l'arrondissement de la surface.

Une *section* oblique à la face d'un édifice n'en montrerait pas l'épaisseur véritable : aussi les sections, à moins de quelque raison spéciale, sont-elles habituellement faites perpendiculairement à la face dont l'on veut mettre en évidence les détails intimes de la construction, ou les parties cachées ; une section verticale, faite ainsi perpendiculairement à la face d'un ouvrage, se nomme généralement un *profil.*

Les problèmes suivants, d'une fréquente application dans le dessin des plans, doivent être bien compris avant de passer à la partie pratique de l'étude.

PROBLÉME Ier

Diviser une ligne droite d'une longueur donnée, en un nombre donné de parties égales. —

Soit (fig. *a*) la ligne AB à diviser en six parties égales. Par A menez AC faisant un certain angle

avec AB; par B, et de l'autre côté de AB, menez BD
parallèle à AC. Sur AC, et de A en C, portez cinq fois
une longueur convenable, et cinq fois la même
longueur sur BD, de B en D. Joignez les points
numérotés 1,2,3... de AC, aux points 5,4,3... de
BD : les intersections avec AB des lignes ainsi menées, la diviseront en six parties égales.

PROBLÈME II.

Diviser une ligne donnée en deux parties égales. — (fig. *b*).

De l'extrémité A comme centre, avec un rayon
plus grand que la moitié de AB, décrivez un arc sur
les deux côtés de AB. Avec le même rayon, du centre B , décrivez un arc coupant le premier en
2 points C et D. Joignez CD par une ligne droite
coupant AB en E : AB est divisé en E en 2 parties
égales.

PROBLÈME III.

Elever une perpendiculaire à une ligne, d'un point donné sur
cette ligne. — (fig. *c*).

Soit AB la ligne, E le point. De chaque côté de E,

prenons les longueurs EA,EB égales l'une à l'autre ;
continuons comme dans le problème précédent :
CD sera perpendiculaire à AB au point E.

Ou : (fig. *d*) d'un point C, pris hors de la ligne,
avec CE pour rayon, décrivez un arc de cercle coupant AB en E et D ; menez DC qui, au-delà de C,
rencontrera le cercle en F : joignez FE, qui sera la
perpendiculaire demandée.

Ou : (fig. *e*) Prenez ED = 5 divisions d'une certaine échelle ; de E comme centre, avec un rayon
égal en longueur à quatre divisions de la même échelle,
et de D comme centre, avec un rayon égal à cinq divisions, décrivez deux arcs se coupant en F : FE sera
la perpendiculaire cherchée.

PROBLÈME IV.

Abaisser une perpendiculaire sur une ligne donnée, d'un point
donné hors de cette ligne. — (fig. *f*).

Soit AB la ligne, P le point. D'un point C de la
ligne comme centre, avec le rayon CP, décrivez un
arc coupant la ligne en D ; à partir de D, prenez de
l'autre côté de la ligne un arc DE = DP. Joignez PE,
qui est la perpendiculaire.

PROBLÈME V.

Faire un angle égal à un angle donné. — (fig. *g.*)

Soit BAC l'angle donné : au point D, et sur DE, on veut faire un angle égal à l'angle BAC. Du sommet A, avec un certain rayon, décrivez un angle coupant AB, AC, en *a* et *b* ; du point D, avec le même rayon, décrivez un arc coupant DE en *c* ; prenez sur cet arc une longueur $cd = ab$; par le point *d* menez DF. L'angle $EDF = BAC$.

PROBLÈME VI.

Diviser un angle en deux parties égales. — (fig. *h*).

Soit l'angle BAC. Du sommet A décrivez un arc coupant AB, AC, en *b* et *c* ; de ces points, avec un même rayon, décrivez un arc coupant en D. Joignez DA, qui est la bissextrice demandée.

PROBLÈME VII.

D'un point donné hors d'un cercle, mener une tangente à ce cercle. — (fig. *i*).

Soit P le point ; joignez-le au centre C du cercle.

Divisez PC en 2 parties égales au point B, et décrivez sur PC comme diamètre un cercle coupant le premier en S, T : PS, PT sont deux tangentes satisfaisant à la question.

PROBLÈME VIII.

Construire un carré sur une ligne donnée. (tiré de l'*Engineer and Machinist's Assistant*, de Blackie). — (fig. *j*).

Soit AB la ligne donnée. De A et de B comme centres, avec AB pour rayon, décrivez des arcs se coupant en C; de C, avec le même rayon décrivez un cercle coupant les premiers arcs en D, E; de ces points, menez des arcs coupant le cercle en F,G. Joignez AF,BG, qui couperont en H,I les premiers arcs décrits. Joignez HI; AHIB est le carré demandé.

PROBLÈME IX.

Construire un pentagone régulier sur une ligne donnée. — (fig. *k*).

Soit AB la ligne. Faites l'angle ABC = 108°, et BC = AB. Divisant AB, BC, en deux parties égales par des perpendiculaires concourant en F, de ce point décrivez un cercle passant par les trois points ABC. On complète le pentagone, en portant sur la circonférence la longueur du côté AB, suivant AE, CD, DE.

PROBLÈME X.

Construire un hexagone régulier sur une ligne donnée (fig. *l*).

Soit AB la ligne. Des points A, B, avec AB pour rayon, menez des arcs se coupant en G, et de ce point décrivez un cercle passant par A et B. Portant sur la circonférence cinq fois la corde AB, vous compléterez l'hexagone.

PROBLÈME XI.

Construire un octogoae régulier sur une ligne donnée (fig. *m*).

AB étant la ligne donnée, faites l'angle ABC = 135°, et prenez AC = AB. Faisant, comme pour le pentagone, passer un cercle par les trois points A B C, complétez l'octogone en portant sur la circonférence six fois la corde AB.

Observation : On peut trouver l'angle d'un polygone régulier quelconque, par cette propriété que a somme des angles d'un polygone quelconque,

régulier ou non, est égale à autant de fois deux angles droits qu'il y a d'unités dans le nombre des côtés
moins deux.

PROBLÈME XII.

Construire un rectangle ayant un côté et une diagonale de longueurs données (fig. *n*).

Sur la diagonale AC, de longueur donnée, décrivez un demi-cercle. Du point A, avec la longueur du
côté, décrivez un arc coupant le demi-cercle en B ;
joignez BC. Complétez le rectangle, en menant AD,
CD, parallèles à AB , BC.

Les termes techniques qui suivent ont besoin d'ex-
plication.

Un *angle saillant* est celui dont la pointe se dirige en dehors ; un *angle rentrant*, celui dont la
pointe se dirige en dedans. Pour les yeux du lecteur, A forme un angle saillant, V un angle rentrant.

On nomme *capitale*, en fortification, la bissextrice imaginaire d'un angle ; *gorge*, une ligne droite

fermant l'arrière ou réunissant les extrémités intérieures d'un ouvrage.

Le *relief* d'un ouvrage est la différence de niveau entre le point le plus élevé et le point le plus bas de son profil, ou la hauteur verticale du premier au-dessus du second.

Le *commandement* d'un ouvrage est sa hauteur au-dessus du sol naturel, ou *plan de site*. Le commandement d'un ouvrage sur un autre est la différence entre la hauteur du premier et celle du second au-dessus du sol naturel.

On définira les autres termes à mesure que la nécessité d'en faire usage se fera sentir dans le courant du livre. Cela vaut mieux que de décharger toute une batterie d'expressions techniques en une seule salve. Le lecteur, auquel dans le corps de l'ouvrage, aurait échappé quelque définition, pourra la retrouver en se renseignant au glossaire qui termine l'ouvrage.

Comme la disposition des ouvrages de fortification doit éminemment dépendre des portées des armes servant à leur défense ou à leur attaque, il est bon que le lecteur ait une idée de l'étendue de ces portées. La portée efficace de la mousqueterie est de 180 à 200 yards (165 à 185 mètres); à 300 yards (275 mètres), elle ne se fait plus guère respecter.

Les grandes armes portatives appelées pièces de murailles, ou fusils de rempart, en usage dans la défense des forteresses, portent avec un plein effet de 400 à 500 yards (365 à 455 mètres).

La table suivante donne les portées des pièces d'artillerie les plus communément employées.

Artillerie de campagne.

PORTÉE.

	But en blanc.		Sous 4° d'élévation.	
	Yards.	Mètres.	Yards.	Mètres.
Canon de 6 livres. . . .	200	185	1260	1095
Canon de 9 à 12 livres. . .	300	275	1400	1280
Obusier de 12 livres. . .	200	185	1000	915
Obusier de 24 livres. . .	250	250	1025	935

Grosse artillerie.

PORTÉE.

	But en blanc.		Sous 4° d'élévation.	
	Yards.	Mètres.	Yards.	Mètres.
Canon de 18 livres. . . .	560	550	1600	1465
Canon de 24 livres. . .	560	550	1670	1525
Canon de 32 livres. . .	580	545	1750	1575
			Sous 12° d'élévation.	
			Yards.	Mètres.
Obusier de 8 pouces.			2000	1830
Obusier de 10 pouces.			2410	2205

La portée extrême des petits mortiers à bras, appelés *royaux* et *à la Coëhorn*, est d'environ 600 yards (550 mètres); celle du mortier en fer de 8 pouces, de 2,000 yards (1,830 mètres); celle du mortier de 10 pouces, de 2,400 yards (2,195 mètres); celle du mortier de 13 pouces, de 2,900 yards (2,650 mètres).

Les plus grosses pièces d'artillerie, telles que les canons de 56 livres, de 8 pouces et de 10 pouces, récemment introduits dans le service pour l'armement des steamers et la défense des côtes, tirées sous une élévation considérable, portent à des distances de 4,000 à 5,000 yards (3,658 mètres à 4,570 mètres).

CHAPITRE PREMIER.

Objet et formes élémentaires de la fortification.

L'art de la fortification remonte au temps où les hommes ont commencé à se faire la guerre.

Son objet est défini par l'étymologie même : *fortifier, rendre fort*. Elle est l'art d'économiser la force dans la guerre ; l'art de donner, par un travail intelligent, de la valeur à une position militaire ; l'art de rendre le corps de troupe qui occupe une position, capable de résister à une force plus puissante qui voudrait s'en emparer. Elle atteint ce but :

1° Si la position du défenseur est à couvert de l'observation et des atteintes de l'assaillant ;

2° Si des obstacles suffisants interdisent à l'assaillant l'accès de cette position ;

3° Si la position du défenseur lui procure le double avantage d'observer l'assaillant, et de diriger à propos contre lui ses troupes et tous ses moyens offensifs.

Ces trois conditions sont inséparables de l'idée d'une bonne fortification. Trois mots peuvent les désigner : *couvert, inaccessibilité, avantage* de la position.

La nature ou un accident, la forme du sol naturel ou la disposition d'édifices existant déjà, fournissent souvent, avec plus ou moins de convenance, les conditions requises. Si ce cas se présente, le soldat trouvera dans l'art de la fortification, les moyens de tirer parti des avantages ainsi créés par la nature ou par un accident, et de les obtenir au même degré sur les points défectueux de la position. Mais qu'une place, qu'il importe de défendre, n'ait reçu de la nature aucun de ces avantages, l'art de la fortification doit les y créer.

Appliqué à des objets d'une importance temporaire tels qu'aux dispositions dont le but est d'appuyer les flancs ou le front d'une armée en campagne; à la défense d'un pont, d'un village, des rues d'une cité; aux ouvrages destinés à couvrir l'attaque d'une position militaire : cet art reçoit chez nous le nom de *fortification de campagne* ; les Français l'appellent avec plus de justesse, *fortification passagère*, parce que le terrain n'a besoin d'être fortifié que passagèrement.

Appliqué à des positions qu'il importe de con-

server en tous temps, tels que villes, ports, arse-
naux, frontières, etc., il prend le nom de *fortification permanente.*

Les principes fondamentaux de ces deux genres
de fortification sont les mêmes. Leurs différences
découlent de la promptitude de construction généralement exigée pour les ouvrages de la fortification
de campagne, du calibre plus léger de l'artillerie
habituellement employée à l'attaque et à la défense
de ces ouvrages, et de la dépense bien plus considérable qu'entraînent, avec juste raison, les ouvrages destinés à un service permanent.

Mais ces distinctions ne sauraient être toujours
bien soigneusement établies. Par économie, quelquefois par d'autres motifs, des ouvrages qui par
leur nature semblent appartenir aux constructions
temporaires de la fortification de campagne, peuvent néanmoins couvrir des positions d'une importance durable. D'autre part, des ouvrages de campagne, élevés dans la vue de fournir une défense
prolongée, comme d'occuper quelques-uns de ces
points qui, dans les opérations d'une armée active,
sont les clés du succès, ou qui vraisemblablement
conserveront leur importance à travers une longue
guerre : ces ouvrages, dis-je, sont souvent construits
avec tant de soin, qu'ils revêtent presque le caractère de la fortification permanente. Les Français
appellent *mixtes* de semblables ouvrages.

On emploie dans la construction des ouvrages de

fortification , une grande variété de matériaux ,
ceux en général que chaque localité ou l'occasion
font trouver plus immédiatement sous la main.
Ainsi l'on a tour à tour employé des *blockhaus*, ou
fortins de bois, dans les forêts de la frontière du
Canada ; des *stockades*, sortes de palissadement de
bambous et de troncs d'arbres, dans les *jungles*
ou fourrés du pays Birman et de la Nouvelle-Zélande,
et dans les campagnes montagneuses du Népaul ; des
briques séchées au soleil et de la boue, dans les
chaudes pleines de l'Orient ; des monceaux de pavés,
dans les rues de Paris ; des balles de coton, dans la
défense de la Nouvelle-Orléans. Des bâts de cha-
meaux, disposés en rang, ont fourni dans l'Inde,
dit-on, d'utiles épaulements. Dans l'antiquité , au
moyen âge , les ouvrages permanents étaient en
maçonnerie ; mais opposée à l'artillerie moderne,
et à moins d'avoir une énorme épaisseur, la maçonnerie est trop aisément destructible ; sa propriété de voler en éclats sous le choc puissant des
projectiles, et de s'écrouler par masses, la rend très-
dangereuse pour ses propres défenseurs ; enfin elle
n'est absolument pas susceptible d'une prompte ré-
paration. (1) Aussi, depuis que la poudre à canon est

______

(1) La reconstruction du flanc tout entier du bastion d'Orange
à Gibraltar, sur une longueur de 120 pieds (36^m,60), durant le

devenue le principal engin de la guerre moderne ,
la terre a constitué la matière par excellence de la
plupart des fortifications, et la considération des ouvrages en terre forme la plus importante portion de
l'étude de l'art.

La première des conditions essentielles de la fortification est le *couvert*. Un amoncellement de terres
élevées dans le but de mettre le défenseur à couvert
du feu de l'ennemi, se nomme *parapet*. Le parapet
doit avoir assez de hauteur pour abriter l'homme de
la plus grande taille placé derrière lui , assez épais
pour arrêter le plus puissant projectile qui puisse
être lancé contre sa masse.

Pour remplir la première condition, on donne
habituellement aux parapets de 7 pieds 1/2 à 8 pieds
de hauteur (2^m29 à 2^m44). Ce chiffre est un peu
supérieur, il est vrai, à la taille ordinaire des grenadiers ; mais on l'a ainsi déterminé, en exagérant
quelque peu cette taille, pour protéger les personnes
situées dans l'intérieur de l'ouvrage, des atteintes
d'un coup plongeant pardessus sa crête, circonstance fréquente, puisque la trajectoire des projecti-

---

siége de 1782, entreprise et menée à fin sous le feu d'une
puissante artillerie, a été probablement une opération sans
exemple. (Druikwater's *History*, chap. VIII.).

les est une ligne courbe ; ensuite , pour dérober l'intérieur de l'ouvrage à la vue d'un cavalier ; enfin, en prévision de la réduction de hauteur que devra subir le parapet par son exposition à un feu continuel. Si le temps presse, néanmoins, et que l'on ne puisse satisfaire à toutes ces exigences, il suffira d'un parapet de 6 pieds de hauteur ($1^m,83$).

Quant à la condition d'épaisseur, on peut consulter la table suivante, qui montre à quelle profondeur chaque projectile des divers calibres en usage est susceptible de s'enfoncer dans une levée de terre, et quelle surépaisseur de terre il convient, dans chaque cas, d'allouer au parapet, pour que le projectile ne puisse pas le traverser, même après les éboulements qu'entraîne toujours sa pénétration.

Calibre.	Profondeur de la pénétration.	Epaisseur nécessaire au parapet.
Balle de fusil. . . .	1 pi. 6 po. ($0^m 46$)	3 pi. 0 po. ($0^m 92$)
Boulet de 6 livres. .	3 pi. 6 po. à 4 pi. 6 po. ($1^m 07$ à $1^m 37$)	6 pi. 0 po. ($1^m 83$)
— de 9 — .	6 pi. 6 po. à 7 pi. 6 po. ($1^m 98$ à $2^m 29$)	9 pi. 0 po. ($2^m 74$)
— de 12 — .	8 pi. 6 po. à 10 pi. 0 po. ($2^m 59$ à $3^m 05$)	12 pi. 0 po. ($3^m 66$)
— de 18 et 24.	11 pi. 6 po. à 13 pi. 0 po. ($3^m 51$ à $3^m 96$)	18 pi. 0 po. ($5^m 49$)

De ces résultats découle cette règle aisée à retenir : qu'un parapet doit avoir un pied d'épaisseur par chaque livre pesant du projectile au choc duquel il est appelé à résister. Les parapets des ouvrages permanents, naturellement destinés à résister aux boulets du plus gros calibre, ont habituellement de 18 à 20 pieds d'épaisseur ($5^m,49$ à $6^m,10$).

Pour former le parapet, les terres peuvent être extraites de l'intérieur et jetées en dehors. (fig. 1, 2, 3, 4, 6; et fig. 18), ou tirées de l'extérieur et jetées en dedans. (fig. 7, 8, 9, 10; et fig. 20, 21.)

Le premier cas est celui qui permet de se mettre le plus promptement à couvert, car chaque pied en profondeur de terres excavées donne en hauteur deux pieds d'abri. (fig. 1 et 2). Cette protection, cependant, ne s'étend qu'aux troupes actuellement stationnées dans l'excavation : elle cesse en deçà. Ainsi le *couvert*, premier objet de la fortification, est très-rapidement atteint; le deuxième objet, *l'inaccessibilité*, ne l'est pas; le troisième objet, *l'avantage* dans l'emploi des troupes et des armes, est jusqu'à un certain point plutôt sacrifié qu'atteint, puisque le défenseur, rélégué dans une sorte de trou, est à la fois défavorablement posté pour surveiller les progrès de l'assaillant, et pour lutter corps à corps avec lui sur l'emplacement du parapet. Aussi n'exécute-t-on cette forme d'ouvrage que lorsqu'on ne veut que se mettre à *couvert*, ou lorsqu'il est d'un extrême importance de s'y mettre le plus promptement possible. Telles sont les tranchées creusées pour dérober les cheminements des troupes occupées au siége d'une place; les lignes qui relient deux ouvrages d'une valeur plus grande, pour protéger leur communication réciproque; les levées de terre qu'il faut exécuter sur-le-champ pour barrer une route, aider à la défense d'une position, ou

garantir des troupes du feu de l'artillerie au début
d'une action générale. Un des avantges de ces sortes de retranchements est de permettre aux troupes
de les améliorer, en chargeant le parapet de nouvelles terres, même sous le feu meurtrier de l'ennemi. Telles sont les lignes que les Sikles ont pour
habitude constante d'entreprendre immédiatement
en occupant une position en présence de l'ennemi,
et dont ils augmentent chaque jour le nombre et la
résistance, tant que l'occupation continue (1).

Cette sorte d'ouvrage s'applique très-utilement en
campagne, sur la crête d'une hauteur dont le talus
descend vers l'ennemi. Dans ce cas, la nature
même donne à la défense l'*avantage,* et, jusqu'à un
certain point, l'*inaccessibilité;* et il suffit d'un parapet d'une médiocre hauteur, pour couvrir des atteintes d'un ennemi situé plus bas, non-seulement les
défenseurs de la tranchée, mais encore les troupes
établies en arrière (fig. 3).

Dans un terrain n'offrant qu'une faible épaisseur
de terre susceptible d'être piochée, on se mettra
plus rapidement à couvert, en creusant simultanément deux tranchées, l'une en dehors, l'autre en
dedans (fig. 5 et 19). Néanmoins, cette méthode of-

____

(1) Voyez note A, *retranchements des Sikles.*

fre l'inconvénient de mettre l'assaillant à l'abri, dès qu'il peut atteindre la tranchée extérieure.

Dans le second cas, où toutes les terres du parapet sont prises en dehors, il faut fouiller une plus grande excavation pour se mettre à couvert; mais alors cette excavation, ou le *fossé*, comme on la nomme, est un obstacle aux progrès de l'ennemi, et procure à l'ouvrage, à un degré plus ou moins grand, l'*inaccessibilité*. Tel est le mode de construction suivi dans les ouvrages exécutés à loisir, car le fossé facilite beaucoup la bonne disposition des autres genres d'obstacles destinés à retarder l'assaillant. Quand le temps presse, cependant, l'excavation intérieure est préférable; car, à quelque degré d'avancement que l'on soit obligé d'arrêter le travail, il met toujours le défenseur plus ou moins à couvert, et lui bénéficie tout entier; tandis que l'interruption forcée d'un ouvrage pourvu d'un excavation extérieure, met proportionnellement le défenseur moins à couvert, et peut fournir un abri sûr à l'ennemi.

Ainsi qu'on l'a dit plus haut, l'on a fixé la hauteur ordinaire du parapet à 7 pieds 1/2 ($2^m,29$). La plupart des ouvrages ayant aussi bien pour but la défense active que la défense passive, il importe de recourir à des dispositions qui permettent aux hommes de tirer par dessus cette haute masse. A cet effet l'on élève un gradin de terre tout le long du parapet à l'intérieur. La hauteur par dessus laquelle un homme de moyenne taille peut faire feu commodé-

ment, de manière à assurer l'effet de son tir, est de
4 pieds 1/4 à 4 pieds 1/2 (1^m,30 à 1^m,37) : cette considération détermine l'abaissement du gradin de terre
au-dessous du sommet du parapet. Cette *banquette*,
tel est le nom qu'on lui donne, reçoit ordinairement
de 3 à 5 pieds de largeur (0^m,92 à 1^m,53), et se
termine en arrière du parapet, par un talus dont la
base est double de la hauteur, pour qu'on le puisse
monter et descendre avec facilité. Ainsi, dans la figure 11, qui représente en profil et en perspective
les formes habituelles du parapet et de son fossé,
efg est la banquette dans son ensemble ; *fg* est la *voie*,
la *foulée* de la banquette, *ef* en est le talus. Le parapet *abcd* est une masse terminée par trois plans
inclinés, que l'on désigne sous les noms de *talus
supérieur*, *extérieur* et *intérieur*. Les inclinaisons
de ces talus ne sont point prises au hasard ; réglées
par des considérations bien nettes, elles ne varient
guère dans les différentes sortes d'ouvrages.

Le talus intérieur *ab* est tenu très-raide, afin que
ce talus n'empêche pas les défenseurs de la banquette de s'approcher assez près du sommet du parapet, pour tirer avec facilité par-dessus sa masse.
Sa base est ordinairement du 1/3 au 1/5 de sa
hauteur ; et comme les terres se soutiendraient
rarement sous une pente aussi rapide, on lui
fait un *revêtement* de gazon, de branches d'arbres
ou d'autres matériaux. Dans les ouvrages permanents, souvent le parapet est intérieurement soutenu

par un petit mur vertical en maçonnerie; mais il est à désirer qu'on n'imite pas cette disposition, car les éclats de la maçonnerie projetés par le boulet ou l'obus sont très-dangereux pour les défenseurs.

L'arête culminante du talus extérieur se nomme la *crête du parapet*, et généralement on nomme crête d'un ouvrage la partie qui en forme le faîte. Le talus supérieur bc se nomme *plongée* chez les Français. Plus il s'incline vers l'extérieur, et plus aisément on peut voir et défendre de la banquette le terrain qui longe l'extérieur du parapet. D'autre part, une pente trop rapide rendrait la crête trop aiguë, et susceptible d'une trop prompte destruction. Habituellement on règle sa pente au 6e de sa largeur, et la prudence conseille de n'en pas dépasser le quart.

Le talus extérieur cd ne doit pas avoir, pour ne pas s'ébouler, une inclinaison supérieure à celle qu'affectent naturellement les terres employées, quand on les abandonne à elles-mêmes. Dans les profils imaginaires, servant à des tracés d'étude, on prend habituellement sa base égale à sa hauteur.

Le talus intérieur du fossé hi, se nomme *escarpe*; le talus extérieur kj, *contrescarpe*. Plus on les tient raides, plus l'assaillant a de difficultés à vaincre pour franchir le fossé. Ainsi dans les ouvrages permanents, à moins que le fossé ne soit plein d'eau, l'escarpe et la contrescarpe ont des revêtements en maçonnerie. Quelquefois on ménage entre le para-

pet et le fossé, un étroit sentier *dh* qui prend le
nom de *berme*. Elle est nécessaire, avec certaines
natures de terres, pour empêcher la portion extérieure de la masse du parapet de s'ébouler dans le
fossé ; elle est de plus d'une grande utilité dans le
cours du travail pour la construction du parapet ;
mais elle offre l'inconvénient grave de préparer à
l'assaillant s'élançant à l'assaut, une sorte de palier
de repos pour reprendre haleine.

Quelquefois, sous le nom de *glacis*, s'élève en
dehors du fossé, un massif de terre *kl*, descendant
en pente douce jusqu'au niveau du terrain naturel,
ou, en terme technique, du *plan de site*. Le glacis
abrite du feu de l'ennemi les parties inférieures
des ouvrages qu'il circonscrit. En outre, quand par
suite de certaines dispositions, la crête trop basse de
la contrescarpe se dérobe au feu des défenseurs du
parapet, le glacis, en la relevant, sert à la ramener,
ainsi que toute la zone de terrain qui la borde en
dehors, sous la surveillance et sous le feu du parapet.

Quand le massif de l'ouvrage est formé de terre
provenant d'une excavation intérieure, la banquette
peut être représentée par un gradin taillé dans le parement extérieur de la tranchée, ou ménagé comme
berme entre la tranchée et le parapet (fig. 2, 3, 4, 5).
La figure 1 montre le minimum de l'élévation susceptible de mettre des troupes à couvert. Dans les
figures 2 et 3, l'abri est plus complet, bien qu'une
tranchée intérieure ait également fourni les terres

du massif. La figure 6 représente la hauteur minimum susceptible de garantir l'artillerie. Dans les
figures 7 et 8, le massif des parapets, provenant de
fouilles extérieures, est disposé pour résister à la
mousqueterie ; dans les figures 9 et 10, il l'est pour
résister à l'artillerie. Dans les cas où il n'est absolument pas indispensable de donner au parapet
une grande épaisseur, et quand rien ne presse d'ailleurs, il peut être avantageux de profiter du temps
que l'on a devant soi pour accroître l'inaccessibilité
du fossé, en augmentant ses dimensions au-delà de
ce qu'il est besoin d'en extraire de terre pour se couvrir (fig. 7). Les terres en excès peuvent alors servir à élever le parapet à une grande hauteur, quitte
à faciliter l'ascension de la banquette par deux gradins ou même davantage.

Dans presque tous les ouvrages de la fortification
permanente, le parapet s'élève sur un terrassement
appelé *rempart*, d'une largeur suffisante pour permettre, en arrière du parapet, les mouvements de
troupes et les manœuvres d'artillerie. Cette masse
de terre donne un plus grand commandement aux
ouvrages, et dans les systèmes de fortification com-
posés de plusieurs lignes successives, permet aux
lignes intérieures de surveiller celles du dehors, et
de tirer en quelque sorte par dessus leur tête. Son
élévation, habituellement protégée contre l'escalade par une haute escarpe maçonnée, rend les sur-
prises très-difficiles, et couvre des feux directs les

édifices qu'enceint la forteresse. Le plateau qui termine le rempart en arrière du parapet, se nomme *terre-plein* ; le talus qui le soutient en dedans, s'appelle le *talus intérieur du rempart* : généralement raide, il est traversé par de nombreux chemins en pente douce, ou *rampes*, pratiqués dans son épaisseur, pour la commode ascension des troupes, de l'artillerie et des voitures.

On a expliqué comment l'aide de la banquette permet à l'infanterie de tirer par dessus leur parapet haut de 7 pieds 1/2 ($2^m,29$) ; il reste à montrer comment peut s'exécuter le tir des bouches à feu avancées derrière ce même parapet. La hauteur au-dessus du sol d'un canon moyen, monté sur son affût, varie de 2 pieds 6 pouces à 3 pieds 9 pouces ($0^m,76$ à $1^m,15$) : il est dès-lors évident qu'il faut que le canon s'élève, pour tirer par dessus le parapet, ou que l'on entaille ce parapet lui-même, pour que le canon tire par le créneau pratiqué dans sa masse.

La première méthode s'exécute de deux façons. Quelquefois le canon et son affût sont montés sur un châssis en bois massif, assez élevé pour que la bouche du canon arrase la crête du parapet. Le châssis est muni de roues ou roulettes, susceptibles de se mouvoir sur une voie demi-circulaire, pour que le tir puisse être à volonté dirigé en avant, à droite ou à gauche, tandis que les canonniers demeurent abrités par le parapet. Cette disposition,

nommée *plate-forme à pivot*, est évidemment tout
à fait impropre aux opérations de la guerre de
campagne. Plus communément on élève derrière le
parapet une large banquette de terre, appelée *barbette*, assez haute pour que, placé dessus, le canon
arrase la crête. De courtes rampes y .conduisent du
terre-plein. On emploie beaucoup cette construction aux angles saillants, parce que de ces points le
canon peut battre un champ latéral de tir beaucoup
plus étendu. Malheureusement les canonniers ma-
nœuvrant à découvert, demeurent exposés au feu de
l'assaillant. Les figures 12, 13 et 14 représentent le
plan, la section suivant la capitale, et la perspective
d'une barbette disposée pour une seule pièce.

Dans la seconde méthode, c'est-à-dire quand le
canon tire *à travers* le parapet, les entailles pratiquées dans ce but se nomment *embrâsures*. On tient
étroit le *col* de l'embrâsure, ou l'ouverture faite
dans le talus intérieur du parapet, la portion de
l'entaille dans laquelle s'engage le canon ; puis l'entaille va s'évasant jusqu'à son ouverture extérieure,
ou la *bouche* de l'embrâsure, pour assurer au tir un
champ latéral d'une certaine étendue. La paroi inférieure, ou la *sole*, s'incline du col à la bouche,
tout autant qu'il est nécessaire pour que la pièce
puisse au besoin faire feu sous le plus grand angle
de dépression admissible dans la pratique. Cette
pente est ordinairement de 1 mètre sur 6, ou de 16°
environ. Dans les batteries de campagne, généra-

lement établies au niveau ou au-dessous du sol naturel, il n'est pas nécessaire de tirer si bas, et l'inclinaison de la sole est habituellement de 1/2 pouce
par pied ($0^m,04$ par 1^m). Dans les batteries à ricochet, où l'on exécute le tir à de grands angles au-
dessous de l'horizon, la sole se relève de dedans en
dehors. On nomme *merlon* la masse de parapet comprise entre deux embrâsures; *seuil*, l'arête intérieure
de la sole; *joues*, les parois latérales de l'embrâsure.
La portion du talus intérieur conservée au-dessous
du seuil, se nomme en français *genouillère*.

Pour exécuter une embrâsure, tracez-en d'abord
le profil (fig. 17). La hauteur de la bouche du canon
au-dessus du sol détermine celle du seuil *a*; prenez-
la de trois pieds ($0^m,92$), et tirez *ab*, pour profiler la
sole, sous l'inclinaison convenable, soit de 1 sur 9.
En plan (fig. 15), tracez les positions *cd*, *ef* du seuil
et de la bouche, déterminées par la ligne *ab* du profil. Tirez AB, la *ligne de feu*, perpendiculairement
ou obliquement à la direction du parapet, suivant les
cas. De chaque côté de cette ligne, et sur *cd* prenez
un pied pour largeur du seuil ($0^m,30$); à 10 pieds du
seuil ($3^m,05$), élevez une perpendiculaire sur la ligne
de feu, et prenez 3 pieds ($0^m,92$) de chaque côté de
cette perpendiculaire; par les points ainsi déterminés, tirez les lignes *km*, *ln*, jusqu'à leur rencontre
avec la ligne *ef*. La forme de la sole est alors déterminée. L'inclinaison des joues est de 1 pouce par

pied ($0^m,08$ par 1^m) au col de l'embrâsure ; à la crête
du talus extérieur, sa hauteur égale sa base.

Les pièces en embrâsures ne doivent pas être espacées de moins de 10 pieds ($2^m,75$) d'intervalle de
centre en centre.

Les inconvénients des embrâsures sont : le champ
étroit dans lequel elles resserrent le feu latéral des
pièces qui les garnissent ; leur forme évasée, agissant
comme un entonnoir pour recevoir les projectiles de
l'ennemi ; l'affaiblissement du parapet par les entailles pratiquées dans sa masse, affaiblissement qui le
rend susceptible d'une rapide destruction par l'artillerie ennemie, aussi bien que par l'ébranlement des
décharges exécutées par les pièces des embrâsures.
Les batteries de côte doivent toujours être à barbette, ou à plate-forme à pivot, car un champ latéral
de tir trop restreint serait sans action contre des na-
vires. Les pièces destinées à commander seulement
un espace défini, limité, comme un fossé, un pont,
la face d'un ouvrage voisin, peuvent être avantageusement placées en embrâsure.

Les fig. 18, 19, 20, 21 donnent les profils des diverses batteries en usage, et mettent en relief ce que
l'on a dit plus haut de l'excavation intérieure ou extérieure. La figure 18 représente une *batterie enfon-
cée* : la totalité des terres qui forme le parapet, est
prise dans l'espace intérieur ; la pièce repose sur le
fond même de la tranchée, et le terrain naturel sert
de sole à l'embrâsure. Dans la *batterie demi-enfon-*

cée de la figure 19, comme dans la figure 5, le massif se compose en partie de terres excavées intérieurement, et en partie de terres provenant d'un étroit fossé creusé en avant. La figure 20 représente une *batterie élevée :* toutes les terres proviennent du dehors, et les pièces reposent sur le sol naturel. La batterie de la figure 21 est un *cavalier :* la totalité des terres provient d'un fossé en avant, et les bouches à feu sont élevées sur le massif d'un rempart.

CHAPITRE II.

Principes du tracé. — Exposition des préceptes généraux .—Défilement.

Parlons maintenant du *tracé*, ou de la figure suivant laquelle on dispose l'ensemble des lignes qui dessinent en plan les ouvrages de fortification.

Il est évident que sur un point quelconque d'une fortification, consistant en un mur de maçonnerie, soit en un massif de terre, le défenseur posté derrière un parapet, ne peut ni voir, ni parconséquent défendre la portion du terrain située au pied de ce parapet. Ainsi dans la figure **22**, le défenseur du parapet, porté en ABC, ne peut voir aucun des points de l'espace DDD s'étendant au pied de l'ouvrage. Si l'ouvrage est tracé en ligne droite, ou suivant le contour d'un polygone ou d'une courbe convexe, comme dans la figure, la zone de terrain qui longe immédiatement toute l'étendue de l'enceinte, zone qu'occupe le fossé quand il en existe un, n'est ni vue ni défendue du parapet; en sorte que l'assaillant, ayant une fois gagné le pied de l'escarpe, peut librement circuler tout autour, et établir sans danger à l'endroit le plus favorable, ses mines pour faire brêche au mur, ou ses échelles pour tenter l'escalade.

Ainsi : « Le 14 mai 1807, nous marchâmes sur la ville
« fortifiée d'Irme, à un mille de la frontière de France.
« Comme les batteries de la place dirigeaient sur
« nous un feu terrible, notre régiment s'élança en
« avant, et gagna le pied des murailles, où tandis
« que le canon de la place foudroyait par-dessus nos
« têtes, nos forces établies à quelque distance,
« nous demeurâmes en sûreté toute l'après-midi et la
« nuit entière, prêts à nous précipiter à l'assaut aussi-
« tôt que la brêche serait ouverte. (*Autobiography
of a Working Man*).

C'est encore ainsi qu'à l'attaque d'une grande redoute dont les fossés n'étaient pas vus du parapet, les Français à Toulon, en 1793, se précipitèrent par deux fois dans le fossé pour monter à l'assaut, s'y reformèrent sans être beaucoup inquiétés, et, revenant à la charge un troisième fois, réussirent à emporter l'ouvrage.

A l'attaque de la redoute de San-Fernando, à Lérida par l'armée d'Aragon commandée par Suchet, en 1810, les Français livrèrent plusieurs assauts sans pouvoir réussir à gravir complètement l'escarpe de l'ouvrage. Mais comme la garnison n'avait pas de grenades, et que le fossé n'était pas vu du parapet, les assaillants demeuraient en sûreté au pied de l'escarpe, Aucun des deux partis ne pouvant déloger l'autre, on en vint à un armistice et à un arrangement dont le résultat fut que les Français purent effectuer leur retraite sans être inquiétés. *(Mémoires de Suchet* I. 128).

Mais si l'on a brisé l'enceinte continue de l'ouvrage, de façon que par intervalles une ligne telle que BE, dans la figure 23, déborde, par une brusque saillie, de la direction générale AB, BC : de cette ligne, alors le défenseur pourra voir et battre tout le terrain qui s'étend en avant de AB; et des troupes qui s'avanceraient à l'attaque de cette dernière portion de l'enceinte, seraient prises de côté ou *en flanc* par le feu de la ligne BE. Aussi nomme-t-on *feu de flanc* le feu prenant ainsi l'ennemi de côté, feu le plus destructif auquel des troupes puissent être exposées. La ligne BE s'appelle un *flanc*, et l'on dit qu'elle *flanque* AB : la portion AB comprise entre deux flancs se nomme *courtine*. Supposons une enceinte fortifiée dont le contour polygonal présente ainsi vers chaque angle de semblables flancs en saillie, qui en surveillent tous les abords : les deux flancs qui se dressent à chaque angle, embrasseront entre eux une sorte de citadelle, ou de tour carrée, BEFG. Telle est, la tour carrée, que l'on peut voir à Édimbourg, dans la portion encore subsistante du rempart de la vieille ville, le long de la ruelle appelée Le Vennel.

Si l'ennemi tente l'attaque d'une courtine, repré-
entée par FC (fig. 24), il ne peut avancer qu'en
'exposant constamment au feu du flanc AK, HC.
ejeté en arrière, il retourne à l'assaut, mais
ette fois pour attaquer la tour, au lieu de la cour-
ue. Du moment qu'il a gagné le pied GE de celle
es faces de la tour qui regarde la campagne, il est
ors de tout danger, et devient inattaquable en ce
oint, car il échappe aux vues de toutes les portions
e l'enceinte. En ce point l'ancien chef de guerre
ablissait ses béliers, ses tours roulantes, du haut
squelles il abordait les remparts, comme un vais-
au de guerre en aborde un autre; en ce point, le
errier moderne creuserait ses galeries de mine,
i planterait ses échelles d'escalade. Et ce fait des
urs se présentant comme la partie la plus vulné-
ble de l'enceinte, s'accorde avec ce que l'on sait
s soins spéciaux que l'on prenait, dans l'antiquité,
our accroître leur résistance militaire. Comme
les étaient les vrais points d'attaque, on les éleva
aucoup plus haut que les murs des courtines, pour
s rendre moins accessibles. Ainsi Diodore, qui as-
gne aux murs de Ninive une hauteur de 100 pieds,
oute que les tours en avaient 200. On les cou-
nna généralement de balcons en ressaut, et sou-
nus au moyen d'arceaux ou de corbeaux placés
distance en distance, et dans lesquels étaient pra-
ués des ouvertures nommées, dans le moyen âge,
achicoulis ou assommoirs, et servant à faire pleu-

voir verticalement des projectiles de toutes sortes
sur la tête des assiégeants.

Imaginons que la face extérieure GE de notre
tour carrée se brise en deux parties, formant un angle saillant GPE (fig. 25). Le cas change dès-lors :
les abords de l'angle P ne se dérobent plus aux feux
de parapet; les deux flancs AK, CH, le battent complètement.

Modifiées par l'expérience, ces tours angulaires, en
ressaut sur l'enceinte, constituent, sous le nom de
bastions, la plus importante base de la fortification
moderne (1). (fig. 25) BE, FG sont le *flanc* du
bastion; GP, PE en sont les *faces*; GPE en est l'*angle flanqué*, PGF l'*angle d'épaule*, EBA l'*angle de
flanc*. Deux bastions voisins, se défendant mutuel-

---

(1) Bien que cette déduction pas à pas des formes extérieures
du *bastion*, soit peut-être le plus clair moyen d'en mettre en
évidence la *rationnalité* aux yeux d'un débutant, il n'existe cependant aucune autorité historique qui établisse nettement
cette transition graduelle. L'idée du bastion naquit probablement de la forme naturellement revêtue par une tour carrée
s'élevant à l'angle d'un mur de ville. Ainsi les tours établies
(fig. 116) aux angles du rempart Maure de Tarifa, ressemblent,
à peu de chose près, aux bastions à angles droits d'Erard,
(*Voyez* encore la note 1.)

lement, sont dits *collatéraux*; AKQ, CHR sont les collatéraux de FGBEB. Les faces qui se regardent dans deux bastions collatéraux, telles que PE, KQ, dissipent un feu croisé sur le terrain s'étendant en avant d'elles; chacune, en quelque sorte, flanque les approches de l'angle saillant formé par sa voisine, et est elle-même flanquée par le flanc du bastion collatéral. FB est la *gorge* du bastion, AM la *demi-gorge*. L'ensemble de deux bastions collatéraux, et de la courtine annexée, comme PEBHKQ, se nomme un *front de fortification*. Les lignes PEA, QKB, parallèlement auxquelles doit se diriger le feu des flancs dans la défense des faces, se nomment *lignes de défense;* et les angles EAK, KBE, *angles de défense.*

Voici les préceptes qui servent de base générale à la fortification moderne :

1° Dans un système complet de bastions et de courtines, ou dans les combinaisons flanquantes d'un tracé plus simple, usitées dans la fortification de campagne, les *angles de défense ne doivent jamais être moindres qu'un angle droit.* Instinctivement, en effet, la plupart des hommes tirent droit devant eux; les troupes dont l'instruction n'a pu recevoir tous les soins désirables, et, la nuit, la totalité des défenseurs, tirent infailliblement ainsi; c'est pourquoi l'angle de défense qui peut être, au besoin, plus ouvert qu'un angle droit, ne doit jamais être aigu, pour ne point exposer les défenseurs des flancs

à faire feu, la nuit, sur leurs propres amis postés
dans le bastion voisin.

C'est une maxime élémentaire, en fait de guerre,
de présenter toujours son front à l'ennemi. Cependant, quand l'on coordonne des lignes de fortification, en sorte que l'une flanque le pied ou les approches de l'autre, on viole nécessairement cette règle fondamentale sur une ligne ou deux, en présentant à l'ennemi le flanc des troupes ou des batteries, et les exposant au feu qui battrait la ligne de la tête à la queue. C'est ce qu'on nomme un *feu d'enfilade*. Il ne faut pas s'imaginer que les parapets voisins protégent contre l'enfilade une ligne d'ouvrages; par exemple (fig. 25), que les parapets PG, PE protégent les parapets GF, EB, et se protégent mutuellement contre l'enfilade. A la vérité, dans les circonstances ordinaires, ils les dérobent aux vues de l'assaillant; ils ne les abritent point des atteintes de son artillerie. Des bouches à feu soigneusement embusquées sur les prolongements des lignes principales, tirées à petites charges et sous de faibles angles (de 6° à 9°), peuvent lancer leurs projectiles avec assez de justesse pour raser le parapet, bouleverser tout le rempart en arrière, porter la destruction parmi les troupes et l'artillerie qui l'occupent. On nomme ce genre de tir, *enfilade par ricochet*.

« En inspectant 'es défenses (à Saint-Sébastien).
« dit Jones, l'on trouva que le terrible feu d'enfilade

« dirigé sur la courtine haute, bien que n'ayant
« duré que vingt minutes seulement, avait dé-
« monté un canon sur deux. La plupart des bou-
« ches à feu avaient leur volée fracassée, et les ar-
« tilleurs mutilés à leurs postes. Les parapets en
« pierre étaient considérablement endommagés, les
« joues des embrâsures renversées de fond en com-
« ble, le terre-plein en quelque sorte haché, et
« jonché d'épais monceaux de corps sans tête. Tout
« le terrain qui avait subi l'effet de la canonnade,
« présentait, en un mot, une scène de destruction,
« de dévastation et de ruine. » (Jones's, *Sieges,*
Vol. II).

2° Des considérations précédentes découle le précepte suivant : Les *principales lignes des ouvrages
défensifs doivent être, autant qu'on le peut, dirigées de telle sorte qu'il soit impossible de les enfiler.*
On atteint complètement ou partiellement ce but,
quand les prolongements des lignes peuvent aller se
perdre dans des marais, plonger dans des vallons
beaucoup plus bas que le niveau des ouvrages, ou
butter contre des barres rocheuses qui se prête-
raient difficilement à l'établissement des batteries.

3° Il suffit de poser le troisième précepte : *La
distance des flancs à l'angle saillant qu'ils défendent, ne doit pas être inférieure à la bonne portée
des armes, pour que le feu des flancs puisse frapper
efficacement l'ennemi, avant que celui-ci n'ait pu
atteindre l'angle saillant.*

La distance que la garnison doit franchir pou
transporter la résistance d'un point à l'autre de l'en
ceinte, doit être moindre que celle qu'il faut qu
l'assaillant parcourt pour changer son point d'atta
que. S'il en était autrement, chaque portion d'un oi
vrage assiégé devrait être constamment armé
comme pour les conjonctures les plus critiques ; éta
de chose opposé à la définition de la fortification
qui est l'art, avons-nous dit, d'économiser la forc
dans la guerre ; également opposé à la troisième de
conditions essentielles auxquelles la fortification doi
satisfaire, et que nous avons désignée par ces mots
l'avantage de la position. De là le précepte :

4° Le *contour général de l'enceinte fortifié
doit tourner sa convexité vers l'ennemi.* Ainsi
quand le théâtre du combat se déplace, l'assaillant
pour s'y transporter, doit cheminer sur un arc d
courbe, dont le défenseur n'a seulement qu'à parcou
rir la corde.

Il est encore très-important qu'un système d'ou
vrages défensifs n'offre pas sur tous les points un
égale résistance ; et en vérité, il est presque dans l
nature des choses que cela soit ainsi. Aucun ouvrag
peut-être n'est imprenable sur tous les points
c'est ainsi que dans chaque forteresse il existe certa
nes parties plus faibles, que l'ennemi remarque, (
parmi lesquelles il en choisit une ou deux pour
diriger ses attaques. Il est à désirer que ces poin
faibles existent, mais en petit nombre p our que sa

chant ou prévoir l'attaque, la défense puisse disposer en conséquence ses principaux moyens d'action.
En règle générale, les saillants sont les points les
plus faibles : s'avançant en pointe vers l'ennemi, ils
semblent appeler ses attaques dénués de défense di-
recte, leur sûreté dépend du feu des parapets plus
ou moins éloignés; et de toutes les parties de l'enceinte ce sont les plus éloignés des flancs. D'où résulte
cet autre précepte :

5°. *Les saillants doivent être peu nombreux et
biens prononcés.* Ce précepte et le précédent, n'ayant
aucun rapport avec la portée efficace des armes, à
laquelle se rattache les trois premiers, sont applica-
bles à tous les systèmes défensifs : aux opérations
d'armées, à la distribution d'une série de forteresses
sur une frontière, aussi bien qu'au tracé d'ouvrages de campagne pour la défense d'une position spéciale.

Le système de la fortification bastionnée a plusieurs défauts qui lui sont propres. Le premier, déjà
signalé, est d'exposer les flancs à l'enfilade. Le second est que la sécurité du système entier dépend de
l'énergie et de la vigilance simultanément développées aux courtines, aux flancs et aux faces : or cette
dépendance des trois éléments du système est loin
d'être satisfaisante (1). Il ne suffit pas, en effet, d'a_

---

(1) « Je donnai à mes hommes le signal de la retraite, et

voir sur les remparts des troupes d'une habileté
presque consommée : il faut encore qu'elles aient
confiance les unes dans les autres ; et cette confiance
seule peut efficacement mener à bien un système de
défense qui exige que chacun, au moment du danger, s'oublie lui-même, pour ne voir que son voisin
à protéger. L'on a déjà fait remarquer cette dépendance mutuelle des éléments de la fortification flan-
quante, comme l'une des causes de la faiblesse des
saillants : plus le saillant est aigu, et plus s'agrandit
l'espace que le feu des flancs doit protéger, et dont
la défense tombe, du moment que les flancs font défaut. L'on a également signalé l'incertitude de la défense oblique au parapet (précepte 1er) : Il en résulte que l'on peut considérer comme uniquement
protégé par le feu des flancs, l'espace angulaire qui s'é-
tend en avant des saillants, et que comprennent deux
perpendiculaires élevées par ce point sur les deux
faces contigues. Ainsi (fig. 52), soit S, T deux saillants, ayant le premier 45° d'ouverture, le second 90°.
Élevez Sa, Sb, Ta', Tb' perpendiculairement aux fa-

« leur fis emporter leurs échelles demeurées intactes, ce qui
« s'accompit sans grand dommage pour nous, parce que l'en-
« nemi, diverti par de fausses alarmes, n'eut pas l'idée de nous
« prendre en flanc. » (*Commentaries of sir Francis Were*, p. 14.)

ces. Comme la somme des angles rayonnant autour d'un même point, est de 360° l'on a, dans un cas un espace angulaire de 135° dépourvu des feux directs du parapet : $asb = 360° — (90° + 45° + 90° = 135°$; dans l'autre cas, le secteur privé de feux directs est seulement de 90° : $a'Tb' = 360 — (90° \times 3) = 90°$.

Ce résultat met en lumière une des raisons qui ne permettent pas de faire les saillants trop aigus. Une autre raison est que l'on retrécirait ainsi par trop l'espace intérieur réservé au mouvement et au bivouaquement des troupes et de l'artillerie. Une troisième raison est le peu de consistance qu'offriraient des massifs de terre s'allongeant en pointes très-étroites, défaut grave qui les rendrait passibles non-seulement d'une prompte destruction par le boulet ennemi, mais encore d'une ruine rapide par les intempéries des saisons. Le précepte suivant est établi par l'expérience :

6° *Aucun saillant ne doit avoir moins de 60° d'ouverture* (1). Pour assurer la première des trois

---

(1) Dans les plans ordinaires d'Anvers, une lunette construite par Carnot, et portant son nom, a un saillant dont l'ouverture ne semble pas excéder 45°. Pour violer ainsi un principe *généralement* admis et pratiqué, l'éminent ingénieur trouva sans doute des motifs suffisants dans les besoins de la circonstance, bien que ces motifs ne ressortent pas très-clairement de l'inspection des plans ordinaires de la ville.

conditions essentielles de la fortification, le *couvert*,
il importe que non-seulement la portion du terrain
qui longe immédiatement le talus intérieur du parapet, mais encore que la totalité de l'espace qu'enveloppe l'ouvrage, se dérobe aux vues d'un assaillant
posté en un point quelconque de la campagne, dans
le rayon de la bonne portée des armes. C'est pourquoi, s'il existe déjà des ouvrages, ou qu'il soit nécessaire d'en construire sur des sites dominés par les
terrains avoisinants, il faut absolument remédier à
cet inconvénient majeur de la position, en augmentant la hauteur du parapet de l'enceinte ; en élevant
dans son intérieur des masques de terre ; en évitant
soigneusement que les faces ne soient pas dans la
direction de leur longueur, circonstance éminemment
favorable ou tir d'enfilade... etc... L'ensemble et la
coordination de ces dispositions diverses constitue
l'art du *défilement*. Quand on est maître du choix
de la position, il faut naturellement établir les ouvrages sur des emplacements où ils ne soient point commandés, et qui n'exigent point, pour être *défilés*,
l'emploi de dispositions laborieuses, toujours enta-
chées d'inconvénients, et souvent quoiqu'on fasse,
très-imparfaites dans leur résultat.

Il est encore évident que la troisième condition essentielle de la fortification, l'*inaccessibilité*, fera complétement défaut, si quelque abri naturel ou artificiel prête à l'assaillant sa protection, dans le rayon
de la portée des ouvrages. Ainsi le pourtour d'un ou-

vrage élevé sur une hauteur, doit suivre pas à pas
tous les moindres contours de la crête, en sorte
qu'autant que possible toute l'étendue des pentes
soit soumise au feu des parapets. Il y a des exceptions
sans doute à cette règle. Quand, par exemple, une
montagne bien que très-rapide, son inclinaison générale dépassant 40°, n'est pas néanmoins inac-
cessible, il sera bien de ménager sur le plateau
qui la termine, un espace considérable entre l'enceinte fortifiée et la naissance des pentes (fig. 35).
Dans la pratique, en effet, un feu bien nourri de
mousqueterie ne peut se soutenir longtemps sous
une dépression aussi considérable, l'escarpement ne
serait donc pas efficacement défendu ; et comme il
est accessible, des ouvrages élevés trop près du
pourtour de la crête courraient grand risque d'être
emportés par un *coup de main*. Cependant si, dans
un cas semblable, les courbes sinueuses du contour
horizontal de la montagne permettaient d'échanger
un feu de flanquement entre certains points situés
vers le sommet des pentes, on pourrait élever sur ce
ce point des épaulements (tel que *aaa*), pour mettre
à couvert les avant-postes chargés de la surveillance
extérieure.

Tous les bâtiments, clôtures, arbres, broussailles,
etc., doivent être abattus dans le rayon de la sphère
d'activité des ouvrages, à moins que la défense n'en
tire avantageusement parti. Il faut même, si l'on a le
temps, niveler les petites inégalités du terrain, qui

seraient susceptibles de mettre à couvert un ennemi.
Dans un système de plusieurs ouvrages, les lignes extérieures, susceptibles d'être emportées les premières (comme *aaa*, *b*, fig. 33), doivent être comman-
dées par celles du dedans, et tellement coordonnées
que ni leurs parapets, ni leurs fossés ne puissent procurer à l'ennemi qui s'en serait rendu maître, un abri
sûr contre le feu des ouvrages intérieurs.

De ces considérations l'on peut conclure un autre
précepte général, relatif aux deux points que l'on vient
de toucher :

VII° *Un ouvrage défensif doit, autant que possible, voir
chaque point du terrain qui l'environne, dans le rayon de
la bonne portée de son feu, mais ne doit point en être vu.*

Le choix des hauteurs, comme sites d'ouvrages
défensifs, est extrêmement avantageux, en ce que
les hauteurs, garantissant plus aisément les conditions de *couvert* et d'*inaccessibilité*, servent en outre d'observatoires qui commandent les alentours,
ce qui est surtout précieux dans un pays couvert de
broussailles et coupé par des ravins (1). Il serait

---

(1) « Je fis occuper par les troupes de Nuwab, sur la droite de
« notre ligne, quelques positions élevées, qui non-seulement
« les mirent à couvert; mais encore permirent à leur artillerie
« de diriger un feu plongeant dans la plaine : ce qui n'était pas

toutefois erronné d'accorder une confiance absolue à l'opinion populaire qui attribue vaguement aux ouvrages dominants une plus grande valeur pour la défense active.

« Au siége de Toulon,... Cartaux, un matin.....
« mande le commandant de l'artillerie (N. Bonaparte),
« pour lui dire qu'il vient de découvrir une position
« d'où une batterie de dix à douze pièces doit infailli-
« blement procurer Toulon sous peu de jours ; c'était
« un petit tertre d'où l'on pouvait battre, prouvait-il,
« trois ou quatre forts et une portion de la ville. Il
« s'emporta sur le refus du commandant de l'artil-
« lerie, qui lui fit observer que si la batterie battait
« tous les points, elle en était battue ; que les douze
« pièces auraient affaire à cent cinquante ; qu'une
« simple soustraction devait lui suffire pour lui faire
« connaître son désavantage. » (*Las Cases*, septem-
bre 18i5.) Le tir dirigé d'une hauteur dans la plaine
au-dessous, et que l'on nomme *tir plongeant*, est
bien loin d'être aussi destructif que celui qui va balayant la surface du sol, durant toute l'étendue de
son parcours, et qui souvent, par cette cause, après

« d'une médiocre importance, dans un pays couvert de brous-
« sailles, derrière lesquelles on voyait à peine l'ennemi. »
(*Lieut. Lake's Report of the Battle With Moolraj*, July, I, 1848.)

avoir touché la terre une première fois, rebondit et ricoche pendant plusieurs centaines de yards. La nuit, les effets du tir plongeant sont des plus incertains (1).

Les règles que l'on vient d'exposer constituent les principes les plus généraux qui doivent guider l'ingénieur dans la conception des ouvrages de fortification. Souvent on ne pourra pas les suivre toutes; souvent l'observation de l'une entraînera la violation de l'autre; souvent encore il faudra sacrifier un peu de toutes à la fois. En fortification, comme dans tous les genres de travaux qu'embrasse l'art varié de l'ingénieur, l'on est constamment appelé à chercher la combinaison heureuse entre des défauts opposés. Un fossé profond est un obstacle formidable ; trop profond, il échappe aux vues des remparts, et la construction laborieuse des flancs ne sert plus à rien. Une escarpe élevée défie en quelque sorte l'escalade ; trop élevée, la maçonnerie se découvre aux vues lointaines; susceptible dès-lors d'être battue en brê-

____

(1) « Il avait toujours observé que des bouches à feu perchées, comme des goélands, sur la cîme d'un rocher, étonnaient plus par leur bruit, qu'elles n'effrayaient par les dégats ou les dommages qu'elles occasionnaient. » (*Sir Dugald Dalgetty*).

che à distance, elle risque d'exposer l'intérieur des
ouvrages dès le début même des attaques, en entraînant le parapet dans sa chûte. Un système puissant et bien combiné d'ouvrages extérieurs crée
à l'assaillant de sérieux obstacles, en balayant tous
les cheminements qu'il dirige sur les bastions, et en
l'empêchant absolument d'avancer, tant qu'il ne les
a pas tous emportés les uns après les autres. Et
cependant, trop grands, trop nombreux, ou trop
éloignés de l'enceinte principale, ils en épuisent
la garnison par les détachements d'hommes qu'ils
exigent pour défense propre, et il devient plus
difficile de communiquer avec eux durant le siége.
Un fossé plein d'eau est peut-être le plus rude
obstacle que l'assiégeant ait à franchir; mais, d'autre part, il rend fort incommodes les communications du corps de la place avec les ouvrages extérieurs, après que les ponts ont été quelque temps
exposés au feu des projectiles pleins et creux; et
c'est vraiment un triste encouragement pour les
défenseurs d'un ouvrage avancé, qui doit fatalement
tomber d'un moment à l'autre, de savoir qu'en
temps opportun, deux brasses d'eau leur coupent la
retraite.

NOTE SUR LE DÉFILEMENT.

On a défini le commandement d'un ouvrage sur un autre : la différence de leurs hauteurs respectives au-dessus du *plan de site*. Il n'est pas nécessaire que le plan de site soit horizontal ; et le commandement relatif de deux ouvrages, peut être le même, qu'ils soient tous deux au même niveau, ou qu'il n'y soient pas, pourvu qu'ils soient tous les deux établis sur le même plan de site.

Pour nous faire mieux comprendre, imaginons (fig. 26) que l'on ait placé sur une table horizontale le modèle réduit d'un ouvrage de campagne, W, et que son commandement soit tel qu'en élevant notre œil E précisément de six pouces au-dessus de la table, notre œil soit au niveau de la crête du parapet. Il est évident que l'œil, dans cette position, ne verra aucun point de l'espace intérieur de l'ouvrage. Soulevons légèrement un des côtés de la table, le côté placé vers l'œil, par rapport au modèle, et supposons que l'œil conserve, dans ce mouvement, sa position relative, c'est-à-dire une distance de six pouces au plan de la table. (fig. 27). L'œil est sans doute alors plus élevé que le modèle : mais a-

t-il acquis un commandement sur lui? Nullement :
bien que plus élevé, il n'en verra cependant aucun
des points intérieurs. Au lieu d'un simple modèle
placé sur une table, imaginons en W un ouvrage de
campagne en grandeur naturelle, placé sur les pentes
d'une hauteur ; en E, la position d'un ennemi sur la
portion supérieure des pentes : le commandement
relatif et l'avantage de la position sont exactement
ce qu'ils seraient sur le plan horizontal.

Il est vrai que si l'énergie balistique de l'ennemi,
établi en E, se dépensait en roulant du sommet des
pentes , d'énormes pierres arrondies qui viendraient
choquer, en bondissant, l'ouvrage placé au-dessous,
la force de la gravité lui donnerait un avantage. Il
n'en est plus ainsi dans le tir des armes à feu : dans
les limites ordinaires des portées, la différence des
effets produits par le tir de haut en bas et le tir de
bas en haut, est à peine appréciable.

Si l'ouvrage W conserve sa position horizontale,
tandis que celle E de l'ennemi s'élève, (fig. 28),
il est clair que ce dernier verra l'intérieur des faces
établies en arrière de celles qui le regardent. Mais,
sans toucher à la base de l'ouvrage, élevons ses
parapets jusqu'à ce que leur crête arrase le plan
imaginaire allant du point E à l'extrémité la plus
en arrière de cette crête (fig. 29). L'ouvrage est
alors entièrement soustrait aux vues de l'ennemi :
il est *défilé* de la hauteur menaçante.

En élevant le parapet vers la position dominante

E, l'on élève nécessairement la banquette avec lui. On tombe ainsi dans cet inconvénient, que les défenseurs de la banquette sont vus de tous les points situés en arrière de l'ouvrage, au-delà de l'intersection du plan du site par le plan incliné des nouvelles crêtes. Si cette intersection est en decà de la bonne portée des armes de l'ouvrage, il faut défiler également ce dernier de cette portion menaçante du terrain; ce que l'on fait, en choisissant dans cette région de la campagne un point F″ situé au-delà de la portée efficace du tir, et en élevant tout le parapet à la fois, jusqu'à ce que ses crêtes soient dans le plan mené par les points E et F″ (fig. 30).

Cette méthode, dans le cas où le commandement du point E serait considérable, pourrait étrangement embarrasser, en assignant à des massifs de terre une élévation considérable. Il devient dès-lors nécessaire d'effectuer les deux défilements, indépendamment l'un de l'autre, par l'interposition d'une traverse ou d'un masque de terre coupant l'ouvrage en deux parties, et empêchant le parapet qui fait face aux hauteurs, d'être pris à revers par la plaine, et le parapet qui regarde la plaine, d'être pris à revers par les hauteurs. (fig. 31).

Le même principe s'appliquerait au cas où l'on devrait défiler l'ouvrage de deux positions dominantes établies en E et en F.

Si l'ouvrage W est une lunette, ou quelque autre ouvrage ouvert à la gorge, on doit supposer que sa

résistance a son point d'appui dans les hauteurs situées en arrière ; il n'y a donc lieu, en conséquence,
qu'à le défiler des hauteurs en avant.

Quand un ouvrage ouvert à la gorge est commandé
par deux positions dominantes, qui ne sont pas vues
du site de l'ouvrage sous le même angle d'élévation,
il faudra défiler chaque moitié de l'ouvrage de la
hauteur dont elle est voisine, et la protéger des vues
de l'autre hauteur par un système de traverses perpendiculaires à ses faces, ou bien se déployant suivant le
prolongement intérieur de la capitale du saillant
principal.

Quand un ouvrage est entouré d'un plus grand
nombre de positions dominantes, le défilement devient pénible, et ne peut plus être que le médiocre
palliatif d'un emplacement défectueux. Au grand
nombre de traverses encombrantes, auxquelles en
pareil cas il faudrait recourir, on pourrait substituer
avantageusement quelquefois, un retranchement intérieur, dont le tracé continu doublerait le contour général de l'enceinte extérieure.

Il n'entre pas dans le plan de ce livre d'appro-
fondir ce sujet plus avant. On en a dit peut-être
assez pour donner au lecteur une idée nette, dé-
finie, de l'objet et des méthodes de l'art du défilement. Pour plus de simplicité, nous avons considéré le plan de défilement comme tangent à la position dangereuse qui domine l'ouvrage. Strictement
parlant, il eut fallu le considérer comme passant
au-dessus du point menaçant, d'une hauteur égale

à l'élévation au dessus du sol des bouches à feu
en batterie, ou des fantassins en joue, ou d'un parapet complet, suivant les cas. Quand on n'a seulement
à redouter que les atteintes de la mousqueterie, on
ne doit point s'inquiéter des hauteurs éloignées de
plus de 350 yards de distance (320^m). Contre le feu
de l'artillerie on doit habituellement se défiler jusqu'à la limite de 1200 yards (1100^m).

CHAPITRE III.

Obstacles, matériaux et autres accessoires de la fortification.

OBSTACLES.

1° *Abatis.* — Un abatis est une barrière formée d'arbres coupés et garnis de leurs branches, que l'on tourne vers l'ennemi les bouts des branches en avant. Si les troncs sont gros, les branches bien aiguisées et entrelacées, il constitue un obstacle réellement formidable. Quand on a des arbres d'un faible diamètre, il faut les relier ensemble, et les arrêter sur le sol par de forts piquets.

Les abatis se placent quelquefois tout autour des ouvrages, quelquefois seulement aux saillants, ou à la gorge d'ouvrages n'ayant pas de parapet à leur arrière. (fig. 34, 35). On peut les disposer couchés au pied du glacis, ou tout autour du fossé, ou les adosser debout contre la contrescarpe. Comme tous les obstacles de ce genre, ils doivent être à portée du feu de l'ouvrage, afin que l'assaillant embarrassé dans leurs entraves, demeure complétement exposé aux coups des défenseurs. Quand les abatis sont exposés au feu de l'artillerie ennemie, il convient de les couvrir par un glacis (fig. 34). « De gros arbres « dont on coupe à demi les troncs, forment des obs« tacles insurmontables. C'est ce que l'on nomme « un *empêtrement (ou étranglement) (Aide-mé« moire)* (fig. 36). » Les sapins donnent de mauvais abatis, à cause de la fragilité et de la forme de leurs branchages.

2° *Palissades.* — Barrière de pieux d'un gros échantillon, que l'on doit prendre assez forte, et planter assez solidement, pour qu'ils constituent un sérieux obstacle. On peut, à cet effet, se servir de souches raboteuses, de jeunes arbres, ou d'énormes troncs fendus en trois ou quatre pièces. Quand les palissades sont exécutées à loisir par des charpentiers, on leur donne une section triangulaire de sept à neuf pouces de côté ($0^m,18$ à $0^m,23$); elles s'élèvent de 9 pieds ($2^m,74$) au-dessus du sol, et ne doivent pas laisser entre elles plus de cinq à six pouces d'intervalle ($0_m,13$ à $0_m,15$). Elles doivent être enterrées de trois à quatre pieds ($0_m,91$ à $1_m,22$), et reliées, à leur sortie du sol, par un fort linteau en bois, placé du côté des défenseurs; un linteau plus léger ou tirant

les réunit également au-dessous de leur partie supérieure, qui est taillée en pointe (fig. 34,35,37).

L'emplacement ordinaire des palissades est dans
le fossé, tout contre la contrescarpe. Elles barrent
ainsi le chemin à tout ennemi qui s'apprêterait à
sauter dans le fossé, et sont en même temps parfaitement dérobées aux coups de son artillerie. Cependant, « dans la dernière campagne (de la guerre de
« la Péninsule), les palissades des redoutes élevées
» sur la montagne de la Couronne, dans les Pyré-
« nées, où le bois était abondant et ne coûtait
« rien, furent faites de troncs d'arbres plantés un peu
« en avant du pied de l'escarpe, et valurent pres-
« qu'un revêtement en maçonnerie. » *(Sir John
Jones)*. Peut-être devrait-on nommer cette disposition une *stockade*, plutôt qu'une *palissade* (fig. 35).

Quelquefois les palissades sont fixées dans une
position inclinée ou presque horizontale, en haut des
talus d'escarpe ou de contrescarpe : elles prennent
alors le nom de *fraises*. Leur emplacement le plus
convenable est à deux pieds environ (0,61) au-dessous de la crête de la contrescarpe (fig. 37). « Elles
« sont alors peu susceptibles d'être endommagées par
« le feu des canons et des obusiers de l'assiégeant,
« et l'obligation de les couper à la hâche est, pour
« ce dernier, extrêmement pénible, sans compter
« que les hommes employés à ce travail sont expo-
« sés au feu du parapet de l'ouvrage. » *(Sir J. Jones)*. En haut de l'escarpe, elles peuvent être plu

aisément détruites, n'étant pas défendues du parapet, à moins que le fossé ne soit flanqué ; tombées au pouvoir de l'assaillant, elles lui prêtent alors leur aide, pour escalader le talus extérieur.

Quand le palissadement n'est pas simplement un accessoire de la défense, mais constitue lui-même la principale défense d'un poste, l'ouvrage prend généralement le nom de *stockade*. Dans ce cas, les corps d'arbres sont habituellement placés jointivement, et l'on y entaille des meurtrières et des embrâsures pour la mousqueterie et l'artillerie. La terre du fossé, quand il en existe un, peut être relevée en dehors des corps d'arbres, de manière à former un parapet de la hauteur des meurtrières. Ou bien, au lieu d'entailler les meurtrières dans le bois, on peut planter les corps d'arbres dont la stockade est formée, à quelques pouces d'intervalle et remplir les vides par de plus petits arbres, ou rondins, jusqu'à la hauteur des créneaux. Dans les campagnes contre les Birmans, en 1825-1826, on eut si fréquemment recours à des ouvrages de ce genre, qu'ont pût considérer la guerre comme étant principalement une guerre de stockades (1). Les *pahs*, ou stockades de Nouvelle-Zélande, sont généralement établis sur des points pé-

_____

(1) Voyez NOTE B : *Stockades des Birmans.*

ninsulaires élevés, de manière à être inattaquables sur trois côtés, excepté par surprise. Le quatrième côté est défendu par un fossé profond, couronné par une palissade de gros arbres espacés de sept ou huit pieds (2^m,13 à 2$_m$,44), et dont les intervalles sont remplis par des piquets ou perches, de huit à dix pieds de haut (2$_m$,44 à 3$_m$,05), fortement reliés ensemble et aux corps d'arbres de la palissade. Dans quelques-unes, les plus gros arbres sont presque jointifs, un clayonnage épais et serré les entoure extérieurement. Cette disposition est assez solide pour résister à la mousqueterie. Les créneaux s'ouvrent au niveau du sol, et de profondes tranchées creusées dans l'intérieur de la stockade mettent les défenseurs à couvert. L'espace intérieur de l'ouvrage est divisé, dans tous les sens par des palissades et des excavations. Une forte palissade flanque fréquemment les fossés.

Les *palanques* des Turcs, sur la frontière de Hongrie, sont des espèces de camps retranchés permanents, attachés à des forteresses, et dont les remparts sont revêtus d'énormes poutres dépassant de 7 à 8 pieds (2^m,13, à 2^m,4) les terres du parapet, de manière à former au-dessus une forte palissade.

Une petite stockade en forme de V s'emploie fréquemment dans la défense d'édifices ou de villages, pour donner des feux flanquants de mousqueterie, ou pour couvrir les débouchés d'une route, d'un pont, etc..... C'est ce que l'on nomme un *tambour*.

3º *Chevaux de frise.* — Un cheval de frise consiste en une forte pièce de bois cylindrique ou prismatique, nommée *arbre*, percée de part en part de trous alternatifs, et armée de longs piquets ou lances de frêne ou d'autres bois solide, fixé dans les trous vers la moitié de leur longueur, de façon que l'arbre présente au moins quatre pointes rayonnant en dehors. Les lances doivent être assez rapprochées pour qu'un homme ne puisse point passer dans leur intervalle. On a récemment introduit dans le service l'usage de chevaux de frise en fer, dont l'arbre et les lances sont creux : pour le transports, les plus petits tubes s'emballent dans l'arbre, et quand on s'en sert contre l'ennemi, l'on arme leurs extrémités de fers de lances (*Aide-mémoire*).

On place quelquefois les chevaux de frise dans le fossé, ou à la gorge des ouvrages ouverts. Les abatis, quand on peut trouver des arbres d'un échantillon et d'une espèce convenables, sont d'un meilleur usage contre l'ennemi ; mais tel arbre qui ne donnerait que de mauvais abatis, peut donner de bons chevaux de frise ou de solides palissades.

Un rang de chevaux de frises faits de lames d'épées bien trempées, fut placé par les Français au sommet de la brèche de Badajoz, et devint un obstacle que tous les efforts des assiégeants ne purent ni repousser ni surmonter.

Lorsqu'on se sert du cheval de frise comme de barrière, pour fermer l'ouverture d'un ouvrage de campagne, une de ses extrémités tourne sur un pivot, l'autre traverse le moyeu d'une petite roue. D'autres fermetures de formes variées sont également employées comme barrières dans de semblables cas.

4° *Trous de loup.* — Espèces de piéges en forme de puits, qui, longeant le pied du glacis, constituent ordinairement une bonne défense accessoire. Ils ont la forme d'un entonnoir ; au centre de chacun, et dans leurs intervalles, l'on frappe en terre des piquets aiguisés par le haut. Leur profondeur, quand elle dépasse 2 pieds à 2 pieds 6 pouces (0^m,61 à 0^m,76), doit être au moins de 7 à 8 pieds (2^m,13 à 2^m,44), afin de ne pas fournir aux tirailleurs ennemis un abri avantageux. Les terres provenant de leur excavation peuvent être éparpillées dans les entre-deux des fronts, ou accumulées en glacis avancés servant à les cacher (fig. 37).

5° *Piquets.* — Petits pieux de diverses dimensions, fortement enfoncés en terre à quelques pouces l'un de l'autre, aiguisés à leur partie supérieure, dépassant le terrain de 9 à 30 pouces (0^m,23 à 0^m,76), et très-avantageux pour mettre en désordre des troupes assaillantes. Chez les Birmans, on place quelquefois, en avant des stockades, des piquets de bambous aiguisés et durcis au feu, dont les pointes occasionnent de graves blessures, entraînant parfois la perte de membres perforés. (*Major straith's fortification*).

Ces piéges à quatre pointes, appelés *callhrops* ou

chausse-trappes, dont Bruce, dit-on, se servit pour couvrir ses flancs à Bannockburn, ont aussi leur place marquée parmi les attirails de l'ingénieur en campagne. Le talus de l'ouvrage de campagne qui porte le nom de *rempart turk*, à Aden, sont ordinairement jonchés de débris de verre, obstacle qu'on ne doit pas dédaigner.

On emploie, dans le même but, des *herses* dont le châssis est enterré, et dont les clous dépassent le sol; ou, si le terrain est couvert de broussailles, l'on peut tailler les gros rameaux des souches à différentes longueurs, en aiguiser les pointes, et joncher les espaces découverts qui les séparent, de piquets et de clous de herses. Dans les ouvrages d'un caractère assez permanent pour exiger une ou deux années à leur construction, on peut à cet effet, planter le glacis de broussailles, que l'on taille en temps opportun, quand on prévoit une attaque. Non-seulement leurs souches aiguisées sont un obstacle à la marche des troupes assiégeantes, mais leurs racines ajoutent efficacement à la difficulté que ces troupes éprouvent à creuser leurs cheminements dans le sol. L'on a fréquemment employé des haies vives dans la défense des places hollandaises. « Le fossé fut garni, « tout le long du bord de l'eau, d'une double haie de « buissons, pour mettre les remparts à l'abri d'un « assaut tenté par des assaillants se jettant à l'im- « proviste à la nage. » *(Lithgow's experimental discourse, etc., of the last siege of Breda, 1637).* Les

climats tropicaux abondent en plantes épineuses,
capables de former les barrières les plus formidables, telles que les diverses espèces de cactus ou d'euphorbe (1). On a suggéré plusieurs fois l'idée de
planter tous les talus des ouvrages permanents, d'arbres de haute futaie (2). Un rang d'arbres ainsi
adossés au talus intérieur sur tout le développement

---

(1) « On avait élevé une grande redoute sur les hauteurs sa-
« blonneuses qui s'étendent entre le fort Puntalès et la ville de
« Cadix. Par suite de la nature mouvante du sable, il était im-
« possible de rien conserver qui ressemblait à un fossé. On tira
« un parti avantageux, à cet effet, de plusieurs buissons d'aloès :
« on transplanta soigneusement ces arbustes dans le fossé, où,
« placés sur cinq à six rangs de profondeur, ils prirent racine,
« et présentèrent bientôt un obstacle tellement formidable qu'il
« était presqu'impossible qu'on le pût franchir ; et cet ouvrage
« défectueux revêtit ainsi un caractère respectable » (Lt.-Col.
H. D. Jones, in *Engr. Papers*. III. 94).

(2) Par le colonel *Hamilton Smith*, *Aide-mémoire*, vol. II.
(*Defensive elements*). La même recommandation est faite par
Maggi, l'un des plus vieux ingénieurs italiens, et par les plus
anciens auteurs de fortification française, *Erard de Bar-le-Duc*
(livre I, chap. 8), *Noiset Saint Paul* en son *traité complet*, etc. La
proposition de ce dernier écrivain reçut son exécution en vertu
d'un ordre du comité général des fortifications, en 1795. Voir
l'*Aide-mémoire*, 1, 257.

du parapet, formeraient la carcasse d'une stockade formidable, dont on remplirait les intervalles avec le
bois provenant de l'abattage des autres rangs. Ces
derniers seraient en outre utilisables comme abatis,
pour défendre une brèche, comme matériaux de
réduits palanqués, abris blindés, palissades, et autres travaux concourant à la résistance générale;
tandis que, d'autre part, leurs racines remplissant le
sol rendraient également pénible le travail de la sape
dans les glacis, et les tentatives de l'assiégeant pour
rendre praticables les brèches des remparts. « A l'at-
« taque de Badajoz, on trouva le tronçon d'un très-
« gros arbre abattu depuis plus de deux ans ; ses raci-
« nes s'étaient tellement développées et formaient
« un obstacle si difficile à surmonter, qu'il fallut le
« travail d'une deuxième nuit pour donner à la tran-
« chée, en ce point, même largeur et même profon-
« deur qu'aux autres portions de la parallèle. »
(*Jones's sieges*, I. 368, note.) C'est probablement dans
un but semblable que l'on a, dans quelques nouvelles
forteresses d'Allemagne, couvert de plantations ser-
rées les glacis et les esplanades.

6° *Inondation.* — Quand un cours d'eau passe au-
dessus ou au travers d'une fortification, la construction d'une digue ou barrage pour retenir les eaux,
ou d'un canal pour les faire dériver de leur lit, peut,
en plusieurs endroits, aider avantageusement la défense, en inondant le terrain en avant d'une partie
des ouvrages. On considère des inondations de deux

genres : l'inondation *parallèle* et l'inondation *perpendiculaire*. La première, qui se produit quand le dé-
bordement s'étend parallèlement à la ligne des défenses, est simplement un obstacle. Elle ajoute considérablement à l'inaccessibilité de la place : en effet, si l'ennemi ne peut ni la forcer ni la tourner,
elle l'empêche absolument d'aborder par un mouvement rapide la portion de la ligne qu'elle couvre;
elle est donc un très-convenable auxiliaire des faibles garnisons. Si cependant elle se continue tout
autour d'une grande portion de l'enceinte, elle con-
fine les défenseurs dans leurs lignes, et limitant leur
action, leur ravit l'avantage précieux de profiter des
occasions favorables pour prendre à leur tour l'offensive (fig. 38). Si, d'autre part, le barrage ou la
coupure sont à quelque distance de la place, il est
important de prendre des mesures pour leur assurer
une défense indépendante. Des fossés plein d'eau
sont des inondations de ce genre. La prise de la
source qui alimentait les fossés du Bhurtpoor, fut le
premier succès du célèbre siége de cette place, en
1826; à Mooltan, en 1848, les Anglais barrèrent les
canaux du Chenab, dont Moolraj tirait un grand
parti pour tendre des inondations autour de ces forteresses. Un terrain marécageux enveloppant des ouvrages, et traversé par d'étroites chaussées sur lesquelles on peut concentrer tous les moyens de défense, forme l'un des meilleurs obstacles naturels.
Dans le cas néanmoins où le poste assiégé doit long-

temps demeurer sur le pied de la défensive , les chances de fièvres occasionnées par les eaux stagnantes, peuvent, en affaiblissant considérablement la vigueur de la garnison, soulever des objections sérieuses contre ce moyen de défense.

L'inondation perpendiculaire est celle que l'on obtient d'un cours d'eau se dirigeant de la campagne vers la place (fig. 59). Le barrage peut alors s'établir dans l'intérieur ou bien immédiatement au-dessous des défenses. La nappe d'eau produite dans ce cas s'étend en longueur dans une direction perpendiculaire, ou peu s'en faut, au tracé général de l'ouvrage. Elle peut, en s'étendant au loin, sérieusement affaiblir les opérations du corps d'investissement, en l'obligeant à de grands détours pour ses communications, et procure ainsi d'énormes avantages aux mouvements offensifs de la garnison. Ainsi quand une forteresse est à cheval sur le confluent de deux rives, comme Coblentz sur le Rhin et la Moselle, Passau sur l'Inn et le Danube, Belgrade, Comorn, Allahabad...... L'armée investissante doit se diviser en trois corps, et assurer au moins par trois ponts ses communications. On peut voir un exemple d'inondation perpendiculaire, dans le plan du siége d'Ath (fig. 105).

Dans les climats sujets à d'âpres gelées, l'inondation ou des fossés pleins d'eau cessent d'être un obstacle en hiver, et deviennent même par le fait une ressource pour l'assaillant. C'est ce qui advint à

Bergen-op-Zoom, le 8 mars 1814, quand les gardes escaladèrent le bastion d'Orange, en traversant le fossé gelé, et plantant leurs échelles sur la glace. « Après avoir considéré et discuté la matière à fond, « je me décide pour des fossés sans eaux. Ils sont « meilleurs et plus sûrs. Nous avons vu en effet de « notre temps, combien la congélation, dans l'hiver « des fossés pleins d'eau facilite l'assaut d'une ville, « et la met en danger d'être emportée. C'est ce qui « eut lieu à Mirandole, quand le pape Jules en fit le « siége.» *(Machiavelli, art de la guerre, VII, 1)* (1).

Pour ravir cette ressource à l'assaillant, il faut briser la glace à mesure qu'elle se forme. Dans les ouvrages de campagne, cela ne sera pas toujours praticable. Mais la gelée même peut venir en aide à la défense, si l'on arose d'eau les talus extérieurs des parapets, jusqu'à ce que revêtus d'une épaisse et glissante couche de glace, ils soient devenus presque inattaquables *de vive force.*

Quand l'inondation n'est pas assez profonde par elle-

---

(1) Au nombre des faits inouïs qui signalèrent les premières années des guerres de la Révolution, il faut citer la prise d'une flotte hollandaise, au Texel, par un corps de cavalerie et d'artillerie à cheval qui galoppa sur les eaux du Zuider-Zée. (Voir *Alison,* ch. XVI).

même, pour empêcher l'ennemi d'aborder une position, on y supplée en creusant dans le sol que l'eau doit recouvrir, des trous profonds ou puits irrégulièrement espacés.

Les barrages destinés à tendre les inondations peuvent être formés, quand le bois abonde, soit de troncs ou de poutres de toute espèce, couchés transversalement et revêtus de planches en amont et en aval ; soit de lits de *fascines* ; soit de paniers en bois, ou *gabions*, remplis de pierres ou de lourds déblais, et en quelque sorte *puddlés*, c'est-à-dire couverts d'un épais revêtement de terres argileuses ; soit uniquement enfin de ces dernières terres. Quand le barrage est construit en terre, et qu'on n'a pas sous la main de meilleurs matériaux, il convient de le revêtir de nattes ou de claies en chaume. Un pont solide peut être avantageusement converti en barrage, en tendant des poutres de pile en pile du côté d'amont, ou bien en obstruant de quelque autre façon le passage des eaux sous les arches.

7° *Escarpements.* — Quand des ouvrages ou des postes s'élèvent sur des terrains montueux, on peut tailler perpendiculairement ou presque à pic les talus naturels sur tous les points qui se prêtent à ce travail, de manière à créer en ces points des falaises inaccessibles. C'est ce que l'on nomme *escarper* (*scarping*). Des escarpements de cette sorte furent employés sur une échelle étendue dans les lignes construites devant Lisbonne, en 1810-11. « La prin-

« cipale difficulté, dit sir J. Jones, dans le tracé
« d'une ligne destinée à être escarpée, était de trou-
« ver des portions de terrain d'une pente naturelle
« assez abrupte, pour qu'en les taillant sous l'angle
« voulu, il n'en résultât point à leur base un che-
« min susceptible d'offrir un lieu de repos et de
« ralliement aux colonnes assaillantes, et de leur
« assurer une communication à couvert de tout flan-
« quement..... On n'a jamais présumé que les es-
« carpements pussent être laissés sans défenseurs ;
« mais on a cru gagner un grand point, en rendant
« ainsi des portions de terrain d'un accès tellement
« difficile, qu'on put en confier la garde, en toute
« sécurité, à de très-faibles détachements, ou à des
« troupes peu aguerries. » (*R. E. Papers, vol. III*).

8° *Fougasses.* — Petite mine d'une ressource
très-efficace pour la défense, dans les ouvrages importants de la fortification de campagne. On a souvent remarqué que de tous les périls de la guerre,
aucun n'impressionne autant l'imagination, aucun
n'est autant redouté du soldat, que le danger caché
des mines (1). « A l'assaut de Badajoz, les troupes com-

---

(1) « Je brave tout combattant que je puis regarder en face,
attachant mes yeux sur ses yeux, et qui, plein de courage, al-
lume en moi le courage, l'ennemi invisible est le seul que je redoute.... » (*Death of Wallenstein*, 1. 5).

« mandées par le major-général Walker, après avoir
« accompli des prodiges de bravoure en escaladant
« une muraille de 31 pieds de hauteur (9^m,45), et
« poursuivant leurs antagonistes vaincus tout le
« long du rempart, furent arrêtées par une simple
« pièce de campagne placée sur le terre-plein. A
« l'approche des Anglais, le canonnier alluma son
« porte-feu, qui jeta une lueur soudaine. Un des
« poursuivants les plus avancés s'écria : *Une mine!*
« Le mot répété comme par un écho de rang en
« rang, occasionna une panique : tous ces braves
« se dispersèrent sur le champ ; c'était à qui trouve-
« rait un trou, un coin pour s'y blottir. » (*Jones's
sieges*, I. 468). De même, à l'attaque de Tournay,
en 1709. « Les soldats avaient conçu une terreur
« presque superstitieuse des périls de cette guerre
« souterraine, où le courage était impuissant, et où
« les plus braves, comme les plus pusillanimes,
« étaient passibles d'être à l'improviste projetés dans
« les airs, ou engloutis dans les entrailles de la
« terre, par les explosions d'un ennemi d'autant
« plus redoutable qu'il était invisible. » (*Alison's
Malborough*, 257).

Pour former une fougasse, on entasse la charge
de poudre enfermée dans un petit coffre, soit au
pied du glacis, soit dans le fossé, soit en tout autre
emplacement estimé le plus favorable pour l'effet
que l'on se propose. On met le feu à la main au
moyen d'une *manche*, ou tube de toile, rempli de

poudre, et enfermée dans un *auget*, ou tuyau de bois à section carrée, que l'on conduit sous terre dans le fossé, ou, s'il est nécessaire, dans l'intérieur même de l'ouvrage. La boîte et l'auget doivent être préservés avec soin de l'humidité extérieure, et l'emplacement de la mine bien déguisé. Il sera bon de placer la fougasse immédiatement auprès d'abatis ou d'obstacles du même genre, destinés à arrêter l'ennemi sur le terrain miné, en sorte que l'explosion produise tout l'effet que l'on peut en attendre.

On peut encore former des fougasses en enterrant des bombes ou obus de petit calibre par groupes de trois ou de quatre, ou d'énormes bombes isolément. A cet effet, on enfoui dans le sol :

Les bombes de 8 pouces $(0^m,20)$, à 3 pieds $(0^m,91)$ de profondeur ;

Les bombes de 10 pouces $(0^m,25)$, à 5 pieds $(1^m,52)$ de profondeur ;

Les bombes de 13 pouces $(0^m,33)$, à 6 pieds $(1^m,83)$ de profondeur.

On place ces projectiles dans une caisse, la fusée en bas, et reposant sur une planche ou cloison horizontale percée de trous, au travers desquels les fusées communiquent avec la poudre logée dans le compartiment inférieur de la caisse. La charge de terre que supporte la caisse, suffit quelquefois pour que les projectiles creux soient chassés à la surface du sol avant d'éclater.

Il paraît que les Français à Badajoz employèrent un *chapelet* ou traînée continue de bombes de **14** pouces (0^m,36). le long de la contrescarpe du front où s'ouvraient les brèches. (*Ordre du colonel Lamarre*, chef du génie de la garnison, rapporté dans *les siéges de Jones*, I, 256.)

Les *fougasses pierriers* se construisent en creusant une excavation en forme d'entonnoir ou d'embrâsure oblique, dont l'axe se dirige en avant du front de l'ouvrage (fig. 40). Au fond de l'entonnoir on place la charge, sur la charge un couvercle ou châssis de fortes planches ; on remplit le surplus de l'excavation de pierres ou de briques.

A Gibraltar, en **1782**, tandis que les assiégeants tentaient de miner la face, alors sans flanquement, de la falaise qui règne au pied de la batterie Willis, des mines ou *chances* furent tirées du sommet du rocher, au moment même où les assaillants arrivaient presque au-dessous ; les pierres ainsi projetées causèrent à ces derniers des pertes considérables. (*Drinkwater*, Ch. VIII) (1).

Aussi bien que l'eau, le feu a été employé comme obstacle auxiliaire pour défendre l'accès d'une brèche large et praticable. Durant le siége de Turin,

---

(1) *Voir* NOTE C, à la fin de l'ouvrage.

en 1706, « Nous avions, dit un historien de la dé-
« fense, de justes raisons de craindre que l'ennemi
« ne nous attaquât de nouveau avec plus de force
« et de vigueur. Pour nous mettre en mesure de
« le bien recevoir, nous entassâmes par piles, au
« sommet des brêches, une énorme quantité de fa-
« gots, de bûches et d'autres matières inflamma-
« bles. Le feu mis à ces bûchers, nous continuâmes
« à l'alimenter avec des toiles imbibées d'huile et
« de goudrons ardents. Les ennemis se voyant sé-
« parés de nous par un vaste océan de feu, furent
« étrangement surpris d'un si terrible stratagême. »
Et cela se renouvela chaque nuit.

(*Military History of Eugène and Marlborough*,
I, 258).

L'emploi de bûchers allumés au sommet des brêches est également recommandé par Vauban, dans
ses instructions pour la défense de Quesnoi et de
Verdun. (*Allent, Hist. du Corps du Génie*).

MATÉRIAUX.

1° *Gabions.* — Paniers cylindriques, sans couvercle ni fond, dont on fait un fréquent usage pour
former des revêtements. (fig. 41, 44, 45, 48.) Ils ont

ordinairement de 2 pieds 9 pouces à 3 pieds de haut
(0ᵐ84, à 0ᵐ91), sur 20 à 24 pouces de diamètre
0ᵐ51 à 0ᵐ61), et pèsent de 25 à 40 livres (11 à
18 kilog.). Le moyen le plus rapide de se procurer un abri artificiel contre la mousqueterie d'un
ouvrage, est de creuser une tranchée, et de remplir avec les terres qu'on en retire, un rang de
gabions placés debout sur le bord même de l'excavation, du côté de l'ennemi. L'art de s'approcher
d'une forteresse à l'abri de semblables tranchées,
constitue l'art des *sapes;* la tranchée elle-même
porte le nom de *sape.* Quand elle n'a de feux à redouter que d'un côté seulement, on l'appelle *sape
simple;* exposée aux feux sur ses deux côtés, et
par conséquent couverte sur ses deux côtés par des
gabions, elle prend le nom de *sape double.* Soit qu'on
exécute une sape double, pour marcher directement
sur un ouvrage, soit que l'on chemine obliquement par l'emploi d'une sape simple, il est nécessaire de protéger la *tête* de la sape par quelque abri
mobile, susceptible d'être aisément déplacé à mesure que le travail avance. On se sert, à cet effet,
de gros gabions doubles, consistant en deux paniers
concentriques dont l'intervalle annulaire est rempli
par un fort bourrage de branches d'arbres (fig. 42).
Couché en long, ce double gabion forme un énorme
rouleau à l'épreuve de la balle, appellé *rouleau de
sape,* que l'on peut aisément déplacer à mesure que
la tranchée avance. Ses dimensions habituelles sont

de 6 pieds sur 4 (1ᵐ83 sur 1ᵐ22), avec un intervalle de 9 pouces (0ᵐ23) entre les deux gabions concentriques. On a trouvé qu'en donnant au rouleau de sape un léger renflement en son milieu, à l'instar du bouge d'un tonneau, on peut le faire pivoter beaucoup plus aisément sur lui-même, dans les portions de cheminements où la sape doit former un coude.

2° *Fascines.* — Fagots de menus branchages. (fig. 43). Pour les confectionner convenablement, construisez des chevalets, formés chacun de deux piquets enfoncés obliquement en terre, de manière à se recroiser mutuellement en croix de Saint-André; que ces chevalets soient espacés d'environ 3 pieds (0ᵐ92); couchez les branches et les rameaux sur les chevalets, jusqu'à ce qu'il y en ait assez pour former un fagot de la grosseur voulue; serrez-les, ou *étouffez-les* (*choke*) fortement ensemble, et liez-les de distance en distance par des *harts* ou de la menue corde. Pour les *étouffer*, (*choknig*), on se sert d'un outil consistant en un cordage ou une chaîne réunissant les gros bouts de deux leviers : on passe la chaîne autour du fagot, et deux hommes, pesant sur les leviers, le serrent vigoureusement, pendant qu'un troisième attache la hart. On transporte alors plus loin l'*étouffoir* (*choker*), pour attacher une nouvelle hart, et l'on continue jusqu'au bout de la fascine, plaçant les harts à 12 ou 18 pouces d'intervalle (0ᵐ30 à 0ᵐ45), On se sert de

fascines pour revêtir des parapets et des embrâsures
(fig. 46, 47, 48, 49, 50), former des barrages,
combler des fossés pleins d'eau, asseoir des plates-
formes d'ouvrages ou des chaussées sur des maré-
cages ou des sables mouvants,.... etc. Ainsi, à la
grande bataille de Blenhein, les alliés se servirent
de fascines pour franchir les petits ruisseaux marécageux qui les séparaient de la position des Français.
A l'attaque d'Acre par Bonaparte, en 1799, « les
grenadiers s'élancèrent des tranchées, mais furent
bientôt arrêtés par un large et profond fossé, que
protégeait une contrescarpe revêtue. Cet obstacle
cependant fut bientôt surmonté. Des fascines furent
jetées dans le fossé, les échelles dressées dessus, et
les troupes descendant alors dans le fossé, se ruè-
rent à l'assaut. » (*Article ou acre*, in *R. E. Papers*,
vol. VI, **28**). C'est dans le même but que Marlborough, marchant pour surprendre les lignes de
Villeroy entre la Meuse et Anvers, fit prendre à
chaque cavalier une botte de foin suspendue à l'ar-
çon. (*Alison's Marlborough*, p. 124).

3° *Claies.* — Très-employées par les anciens
dans leurs ouvrages de campagne ; elles sont encore
à l'occasion, d'un bon service pour des revêtements ;
alternées avec des lits de fascines, elles servent
également à consolider un terrain détrempé. Des
couches de clayonnages, recouvertes de bruyères
et de graviers, ont été employées sur une grande
échelle par Stéphenson, dans la fondation du che-

min de fer de Liverpool à Manchester, à la traversée de Chat-Moss. A Anvers, les Français ont fait passer leur artillerie dans les tranchées qu'inondaient des pluies diluviennes, sur une double rangée de fascines recouvertes d'une couche de fortes claies (*U. S. Journal* for 1833, p. 360).

Les claies employées à porter des charges peuvent recevoir 6 pieds de longueur ($1^m,83$), sur une largeur de 2 pieds 9 pouces ($0^m,84$). Une claie de ces dimensions pèse, desséchée, environ 50 livres (23 kilogr.)

On peut construire des revêtements en clayonnage, en élevant sur tout le pourtour de la base du talus à revêtir, de longs piquets enfoncés en terre de 2 pieds environ ($0_m,61$). On entrelace les branchages autour des piquets, alternativement en dedans et en dehors, et on les relie par des liens verticaux quand le treillage est achevé. Des clayonnages semblables s'emploient dans les Flandres pour revêtir les escarpes submergées de fossés pleins d'eau.

4° *Sacs à terre.* — Dans le service britannique, ils sont confectionnés avec une toile de chanvre ayant ordinairement 2 pieds 8 pouces de long ($0^m,81$), sur 1 pied 3 pouces de large ($0^m,38$). Ils sont extrêmement utiles pour la constrution d'un parapet ou d'une traverse sur un terrain qu'il serait malaisé ou que l'on ne se propose point de fouiller; pour former des créneaux au sommet d'un épaulement (fig. 52) ; pour tamponner on bourre des mines, après qu'on les a chargées ; pour revêtir certaines natures de terres qui, dépourvues de liaison, couleraient à travers des claies (fig. 51, 52). Quand on s'en sert pour dessiner une embrâsure ou une barbette, il convient de les recouvrir de peaux crues, empêcher qu'ils ne prennent feu par la décharge des pièces. Dans les climats secs, les fascines et les gabions sont également sujets à de tels accidents. A Mooltan, en 1849, on en fit l'expérience sur une batterie dont le massif était entièrement construit de fascines longues de 9 pieds ($2^m,74$). Quatre officiers du génie et deux sapeurs cipayes élevèrent la portion du massif qui sépare deux pièces consécutives, en un peu moins d'une demi-heure, tous les matériaux rendus sous la main. Le lendemain du jour où la batterie fut armée, elle prit feu par l'explosion d'un obus lancé de la citadelle, et devint entièrement la proie des flammes. (*Major Siddons's Journal of the sïege, R. E. Corps Papers*, I , 43). Quand les Anglais attaquèrent la Havanne, en 1762, le feu prit aux fascines et aux gabions de bois sec dont les ouvrages des assiégeants étaient formés, et brûla deux jours durant, jusqu'à ce que tous les parapets fussent complétement détruits.

Un sac à terre plein, des dimensions données, présente, rangé dans le parapet, environ 6 pouces d'épaisseur ($0^m,15$), et pèse environ 6 livres ($2^{kil},72$).

Les matériaux que l'on vient de décrire ne sont point les seuls que l'on emploie pour les revêtements des ouvrages de campagne. Il paraît que dans les guerres continentales du temps de Louis XIV, des *ballots de laine* entraient comme un article régulier dans l'approvisionnement de campagne pour la formation des logements. On s'en servit abondamment à l'attaque du château d'Édimbourg, quand le duc de Gordon l'occupa, après la révolution de 1688. (*Grant's mémorials of Edinburgh Cartle.*) A l'attaque du fort Christoval, vis-à-vis Badajoz, en juin 1811, on employa des ballots de laine à l'entière construction du parapet d'une batterie établie sur le roc. On put constater, après le siége, que ce parapet avait résisté à l'artillerie de la place, dont il était distant de 450 yards (415 mètres), et que ses façons étaient admirablement conservées. (*Jones's Siéges*, I. p. 49.) A Bhartpoor, en 1825, des parapets entièrement construits de *ballots de coton*, à 8 ou 900 yards du fort (730 mètres à 820 mètres), résistèrent aux projectiles de tous les calibres en usage que l'on tira contre, même au boulet anglais de 18 livres (à peu près le boulet de 16 français), le projectile les traversant cependant de part en part, et venant rouler dans l'intérieur de

la batterie sans les endommager autrement. Il y a
lieu de croire toutefois que, plus rapprochés du feu
de l'ennemi, des parapets de cette sorte n'auraient
qu'une faible valeur. (*Boileau's Journal of the
siege.*)

Des *gazons* coupés en rectangles oblongs, et rangés alternativement par lits de boutisses et de panne-
resses comme les briques d'un mur, constituent de
tous les genres de revêtements, celui qui réunit à l'ap-
parence la plus agréable à l'œil, la plus probable solidité. Il faut disposer les gazons perpendiculairement
à la surface du talus à revêtir, l'herbe en dessous ; et
pour que les terres des gazons puissent mieux se relier aux terres du parapet, il convient de mener de
front ces deux parties de la construction. Il convient
également de revêtir le talus intérieur du parapet, depuis sa base, sur le terrain naturel, et non pas seulement depuis le massif de la banquette.

Dans les climats chauds, on peut construire d'excellents revêtements avec des terres détrempées et
gâchées. L'on peut même construire ainsi tous les
massifs du parapet, à l'imitation des célèbres forts en
terre de l'Inde. Quand on a le temps, et qu'il convient
de soigner la construction de certains ouvrages de
campagne, on peut employer le *pisé*, c'est-à-dire une
superposition successive de couches épaisses de terre
gâchée et pétrie entre des châssis mobiles formés de
fortes planches, jusqu'à ce qu'elle ait acquis une com-
pacité d'une consistance incroyable pour qui n'en n'a

pas vu d'exemple. Les murs des fortifications mores-
ques en Espagne, telles que l'Alhambra et le château
de Gibraltar, paraissent être entièrement formés d'une
sorte de *pisé* d'argile et de graviers. *(Murphy's maho-
médan empire in spain*, 287. *R.-E. Papers*, III.
p. 92). Dans l'Inde supérieure, et dans beaucoup d'autres contrées, les débris des nombreuses murailles en
terre dont les ruines jonchent le sol, fournissent en
abondance, et tout préparés d'**excellents matériaux**
pour revêtements.

Pour retenir les escarpes taillées dans un sol dépourvu de liaison, l'on a quelquefois recours à de la-
borieux revêtements en charpente. Mais ce genre de
construction sur une grande échelle, ne saurait con-
venir aux circonstances ordinaires de la fortification
de campagne ; aussi ne l'emploie-t-on que très-rare-
ment. Si l'on a du bois en abondance, il vaut mieux
l'employer à élever une escarpe détachée, comme
celle que décrit sir J. Jones, dans le passage rapporté
plus haut, au sujet des redoutes de la montagne de la
Couronne dans les Pyrénées (Voir *Palissades*).

ACCESSOIRES.

Les *traverses* sont de longs massifs en terre, en repos sur le parapet dans l'intérieur de l'ouvrage, et dont le but est :

1° D'arrêter les effets d'un feu d'enfilade ;

2° De diminuer les effets destructeurs de l'éclatement des projectiles creux, en interceptant les éclats qu'ils projettent ;

3° De dérober l'intérieur des défenses aux vues d'une hauteur dominante ;

4° De masquer les ouvertures ménagées dans le parapet, pour communiquer avec le dehors.

Quand la traverse a simplement pour objet d'arrêter les éclats des projectiles creux, et que la face sur laquelle elle se détache n'est point susceptible d'enfilade, il suffit de lui donner une épaisseur à l'épreuve de la mitraille, ou de deux à cinq pieds au sommet (0^m, 61 à 1^m, 52). On peut promptement construire une traverse de ce genre avec des sacs à terre, ou une double rangée de gabions (fig. 45, 48). Sa longueur fixée de 18 à 20 pieds (5^m, 49 à 6^m, 10), sera suffisante pour couvrir les canonniers et les pièces en batterie. On lui donnera même hauteur qu'au parapet, auquel on pourra la rattacher, ou dont il sera loisible de la séparer par un étroit couloir d'une largeur suffisante pour permettre la communication.

Les traverses élevées sur les lignes passibles d'enfilade, doivent être naturellement à l'épreuve du gros boulet. On est dans l'usage de la construire de deux en deux, ou de trois en trois bouches à feu, sur les faces des ouvrages permanents, dès que l'on appréhende un siége. On leur donne ordinairement 12 pieds d'é-paisseur au sommet ($3^m,66$).

La hauteur d'une traverse destinée à dérober l'intérieur d'un ouvrage aux vues du dehors, dépend de l'élévation relative et de la position du terrain dangereux dont l'ouvrage doit être défilé.

La traverse destinée à masquer la solution de continuité d'un parapet, s'élève ordinairement dans l'intérieur de l'enceinte, et parallélement à la direction du parapet. Devant résister aux mêmes calibres, elle doit avoir même épaisseur que lui. Une traverse élevée dans ces conditions, a, dans les petits ouvrages, le grave inconvénient de manger une grande portion de l'espace intérieur. Il vaut mieux, quand cela se peut mettre à couvert l'entrée d'un ouvrage de campagne, soit en la plaçant dans un angle rentrant, soit en brisant le parapet en deux portions dont l'une recouvre quelque peu l'autre, comme on le voit dans l'ouvrage de campagne représenté fig. 63.

Les traverses à l'épreuve de la balle et de la mitraille, peuvent se construire en très-peu de temps, soit avec un simple rang de gros gabions, du genre des rouleaux de sape, soit avec des caisses de bois blanc remplies de terre, soit avec un massif de *pisé*.

Les traverses de défilement, bien qu'ayant le grave défaut d'occuper une utile portion de l'espace intérieur, peuvent rendre souvent de bons services en servant à prolonger la défense de l'ouvrage. Au siége de Toulon, la garnison anglaise du fort nommé

le Petit-Gibraltar, trouva dans la défense opiniâ-
tre des traverses intérieures, l'occasion de faire
éprouver à l'assaillant de grosses pertes, et de lui
disputer longtemps, pied à pied, la libre possession de l'ouvrage (*Dufour, Mémorial pour les travaux de guerre.*)

On peut aussi tirer parti des traverses, pour former des compartiments creux, dans leur épaisseur,
ou des galeries, dans leur longueur, revêtus en
charpente, et servant de magasins pour y loger les
munitions. Les plus grandes traverses ont même
quelquefois prêté leurs flancs à la construction d'a-
ménagements intérieurs à l'épreuve de la mitraille,
pour servir au repos d'une partie de la garnison.

On se procure rapidement un magasin, en appuyant obliquement contre un mur, ou contre le talus intérieur du parapet, de longues pièces de bois,
dont l'on charge la surface extérieure d'un ou deux
pieds de terre ($0^m,30$ à $0^m,61$). Si l'on manque de
bois, on peut former de petits magasins, en enterrant debout des coffres à munitions dans l'extrémité
d'une traverse, ou dans le talus intérieur du parapet, en sorte que leur couvercle s'ouvre à l'instar
d'une porte d'armoire ou de placard.

On construit souvent aussi des magasins détachés, à l'épreuve de la mitraille, avec des châssis de
bois et de forts madriers, le tout recouvert d'une
épaisse couche de terre. (fig. 54, 55, 56.)

Les bouches à feu doivent souvent fournir des décharges répétées sans changer d'emplacement; dans ce cas, pour que leur tir puisse s'exécuter avec célérité et justesse, et qu'on puisse aisément les reporter en avant après le recul, on les établit sur une *plate-forme* solide et bien plane. Dans la fortification permanente, cette plate-forme est souvent en maçonnerie ; dans les ouvrages de campagne, elle doit être en bois. La figure 53 montre l'ancien modèle des plates-formes en bois et en maçonnerie; la figure 51 donne la forme moderne d'une légère plate-forme de campagne. Elle se compose de 5 gîtes de 15 pieds de long (4^m,57), sur 5 pouces d'équarrissage (0^m,13); de 20 madriers, longs de 11 pieds 6 pouces (3$_m$,51), sur 9 pouces de large (0^m,25); de 2 poutrelles de 15 pieds de long (4^m,57), sur 4 pouces de large (0^m,11). On met d'abord les gîtes en place; on les recouvre avec les madriers, dont les bouts arasent les bords extérieurs des deux gîtes extrêmes; au-dessus du lit de madriers, immédiatement au-dessus des deux gîtes extrêmes, on place les deux poutrelles, et l'on arrête fortement chaque poutrelle et le gîte qui est au-dessous, au moyen d'amarres ou commandes, appelées *commandes de guindage.* Ces amarres consistent en un bout de cordage attaché à l'extrémité d'un petit bâton ou billot, dont l'autre extrémité se termine en pointe. On passe ce cordage autour de la poutrelle et du gîte qui est au-dessous, au moyen d'entailles pratiquées d'avance à cet effet dans les extrémités des madriers; on le

tourne deux fois sur lui-même; puis insérant le bout
en pointe du billot dans la boucle ainsi formée, et
tournant le billot, on tord l'amarre jusqu'à ce que,
sous la pression exercée, les trois parties de la plate-
forme deviennent parfaitement jointives,

On nomme *heurtoir* une pièce de bois équarri,
placée sur le bord antérieur de la forme, pour recevoir les roues de l'affût quand la pièce rentre en
batterie, et les empêcher d'endommager le parapet.
Une fascine peut en servir au besoin.

On donne ordinairement aux plates-formes une
inclinaison de 6 pouces ($0^m,15$) de l'arrière à l'avant,
dans le but de diminuer le recul. Les plates-formes
des barbettes doivent être cependant parfaitement
horizontales, et avoir des dimensions relatives au
champ latéral de tir dont on a besoin.

On construit de même les plates-formes à mortiers, mais dans des dimensions plus petites, 7 pieds
1/2 sur 6 pieds 1/2 ($2^m,29$ sur $1^m,98$), et avec des
bois d'un plus fort équarrissage. Généralement on
place de grosses traverses ou lambourdes au-dessous
des gîtes, et l'on tient la plate-forme parfaitement
horizontale.

CHAPITRE IV.

Différentes formes des ouvrages de campagne. etc.

Le contour horizontal d'un ouvrage, avons-nous dit, se nomme son *tracé*. Nous allons passer en revue les différents tracés d'ouvrages, spécialement ceux usités dans la fortification de campagne.

Dans la fortification de campagne, la *magistrale* ou la principale ligne du *tracé* (*tracing line*, ligne traçante), celle que l'on couche la première sur le terrain ou sur le papier, et dont la position détermine celle de toutes les autres, est la crête même du parapet. Elle est, en effet, la ligne dont la longueur doit être proportionnée au nombre d'hommes disponibles pour la défense du parapet; elle est la ligne qui, par l'enceinte qu'elle a circonscrit, détermine définitivement l'espace intérieur utile. Dans la fortification permanente, le *cordon* ou le couronnement du mur d'escarpe sert de guide au tracé. Dans ce cas, on obvie en quelque sorte aux irrégularités du terrain : le parapet se dresse sur une terrasse artificielle, et toutes les longues arêtes de ses talus sont parallèles. Mais dans les ouvrages de campagne, presque toujours précipitamment exécutés, et souvent élevés sur un sol irrégulier et onduleux, la base du talus extérieur, répondant à la position du *cordon* dans les ouvrages permanents, est loin d'être toujours une ligne droite. Ainsi soient $ab, a'b', a''b''$ (fig. 57, 58), les profils suivant AB, A'B', A''B'', du terrain naturel sur lequel se dresse le parapet : il est évident que, tandis que la position de la crête CC demeure constante, la crête inférieure du talus extérieur, déterminée en profil par les points b, b', b'', en plan par les points B, B', B'', se rapproche de la crête quand le terrain s'élève, s'en éloigne quand il s'abaisse. Prendre cette ligne irrégulière, et parfois singulièrement ruineuse, pour guide de tout le tracé, serait se jeter dans des mesures ou des calculs compliqués et fastidieux.

Le tracé le plus simple est naturellement la ligne droite. On l'emploie dans toute sa simplicité pour des batteries non susceptibles d'être enfilées ; des épaulements destinés à couvrir des réserves contre le feu de l'artillerie ; des traverses servant à masquer des ouvertures, ou à défiler des ouvrages ; des coupures, des tranchées, des barricades, barrant des rues ou des chemins, en dérobant soit des piquets soit d'autres obstacles accessoires,... etc.

Deux lignes ou faces concourant en angle saillant, forment ce qu'on nomme un *redan*, une *flèche*, une *queue d'Aronde* (fig. 59). On donne quelquefois au redan de tout petits flancs, soit parallèles à la capitale, soit inclinés en dedans vers la gorge. (fig. 60). Il revêt ainsi la forme d'un bastion détaché, et se nomme alors *lunette*. Cette forme est très-fréquemment employée en fortification permanente aussi bien qu'en campagne, spécialement pour *ouvrages avancés*, c'est-à-dire jetés au-delà du fossé,... etc.... de l'ouvrage principal, pour occuper un point qu'il est avantageux de ravir le plus longtemps possible à la possession de l'ennemi.

Pour assurer la communication de ces sortes d'ouvrages avec ceux qu'ils laissent en arrière, on peut construire une tranchée munie d'un parapet sur chaque bord, et qui reçoit le nom de *caponnière*.

La gorge des redans et lunettes, bien que non fermée par un parapet, peut être protégée par des abatis, des palissades ou d'autres obstacles, qui rendent ainsi l'ouvrage capable d'une défense indépendante, tandisque dans l'éventualité d'une prise, ils ne sauraient prêter à l'assaillant aucun abri contre le feu des ouvrages en arrière. Quand ces derniers sont pourvus d'artillerie, l'on peut fermer la gorge d'une lunette par un mince mur crénelé, que l'on démolit promptement si l'ouvrage vient à tomber aux mains de l'ennemi.

Cet ouvrage, et tous ceux ouverts à la gorge, ne doivent s'employer que soutenus par derrière, comme parties avancées d'un système de fortification, pour couvrir des portes extérieures, des débouchés ou des embranchements de routes, ou comme têtes de pont, la rivière alors formant la gorge. Les fossés de lunettes et redans sont, il est vrai, dénués de défense, et leurs saillants privés de feux. On remédie, en quelque sorte à ce dernier défaut, en coupant l'angle intérieur au saillant par une ligne droite, ou *pan coupé*, assez longue pour donner place à plusieurs fusiliers. On peut donner à ces ouvrages des dimensions quelconques; mais comme de grands ouvrages exigent de grandes garnisons, et que de grandes garnisons doivent pouvoir fournir une résistance isolée, indépendante, on leur donne habituellement d'assez faibles dimensions.

Le *double redan* a cela d'avantageux, que ses saillants sont défendus (fig. 61). L'angle rentrant compris entre les saillants doit être droit : on en a vu plus haut la raison. Il s'emploie ordinairement pour couvrir le passage d'un pont, d'une rivière, quand la défense de ce passage ne réclame qu'un ouvrage d'une faible importance. En ce cas, ses longues faces, ou branches, peuvent recevoir un surcroît de défense, de bouches à feu placées en arrière sur l'autre rive.

Le redan simple ou double peut avoir les faces brisées, de manière à posséder de petits flancs destinés à donner des feux sur les saillants (fig. 62, 63).

On emploie également quelquefois la *tête tenaillée* (fig. 64). On peut l'adapter à diverses positions; néanmoins, toutes les fois que l'on peut diriger un feu de l'arrière, de manière à flanquer les faces du double redan, cette dernière construction est certainement préférable.

La *tête bastionnée* (fig. 65), forme usuelle en campagne des têtes de pont importantes, consiste en un ou deux fronts à bastions, dont les branches, ou faces latérales extrêmes, sont flanquées par des batteries ou d'autres ouvrages établis en arrière. Le simple front (fig. 33) se nomme *ouvrage à cornes*; le front double (fig. 65), *couronne* : sous ces noms ils entrent fréquemment comme ouvrages avancés, dans la défense permanente des forteresses.

Telles sont les formes que revêtent ordinairement, modifiées plus ou moins, les ouvrages ouverts à la gorge, désignés en général sous le nom d'*ouvrages ouverts*.

Ouvrages fermés. — Les faces peuvent en être flanquées ou non flanquées. De petits ouvrages fermés, aux faces non flanquées, se nomment *redoutes;* de grands et importants ouvrages fermés, pourvus habituellement de flancs, se désignent par le terme technique de *forts*.

La plus ancienne forme de redoute est probablement la circulaire. Telle est celle de la plupart des anciens retranchements de campagne anglais ou danois, dont les nombreux vestiges couvrent tant de points de notre pays, sous la dénomination de *luns, tors, raths* ou *chesters;* tandis que bon nombre de ces ouvrages, que l'ingénieur nomme *permanents*, tels que les murs et les tours qui, dans des âges plus récents, furent bâtis autour de nos cités, ont, à peu d'exceptions près, disparu sans laisser de traces. Ce genre de redoutes a l'avantage d'enceindre, suivant une propriété bien connue du cercle, un plus grand espace intérieur qu'aucun ouvrage du même périmètre, et d'offrir peu de prise à l'enfilade. On lui objecte qu'il est également attaquable sur tous les points, qu'il ne s'adapte point aux irrégularités du sol, que les fossés n'en sont point flanqués, qu'il est d'une difficile exécution. On l'emploie rarement dans les guerres modernes. Une petite redoute circulaire, de barriques remplies de terre, fut cependant construite par les ingénieurs anglais dans l'isthme de Saint-Sébastien, pour soutenir les tranchées d'attaque (*Jones's Sieges*, vol. 2, pl. XI); et l'on trouve dans l'*Aide-Mémoire* (vol. 2, pl. 10), un exemple de redoute ronde, avec des flèches en guise d'ouvrages avancés, construite par les Français en Portugal sur les rives du Zézère. On a fréquemment aussi donné la forme circulaire à de petits forts en maçonnerie, spécialement pour la défense des côtes.

La *redoute carrée* est d'un usage très-répandu. La principale objection qu'on lui peut faire, est le grand espace angulaire privé de feux directs que présente chaque saillant, et la propriété qui en résulte pour cette forme d'ouvrages, d'offrir jusqu'à quatre points éminemment attaquables, tous quatre pouvant avoir besoin peut-être d'être simultanément défendus, et dont aucun d'eux ne peut aider à la défense des autres. Le côté de la redoute ne doit pas avoir moins de 20 yards, comptés sur la crête, et n'en pas excéder 40.

Dans les sites irréguliers, le tracé d'une redoute doit s'accomoder aux accidents du sol, condition qui communément exige que l'on en brise le périmètre, de manière à couronner la crête des pentes, si l'on est sur une hauteur, et qu'en même temps l'on en dirige les côtés, de manière à les soustraire au feu des hauteurs voisines. De semblables redoutes prennent le nom de *polygonales*. Elles peuvent être des polygones réguliers; généralement elles sont complétement irrégulières. Plus elles comptent de côtés, et plus leurs mérites et leurs défauts se rapprochent de ceux du tracé circulaire. La figure 66 représente une de ces redoutes, qui fit partie des lignes de Lisbonne.

Il y a plusieurs manières, dans la pratique, de remédier aux défauts des redoutes, et des autres ouvrages dont les saillants et les fossés sont dépourvus de flanquement.

Pour défendre le saillant :

1° On peut arrondir la crête du parapet au saillant, ou couper l'angle par une ligne perpendiculaire à la capitale, ou *pan coupé*, de manière à fournir quelques coups de fusil directs sur le terrain qui s'étend en avant du saillant. Cet arrondissement des saillants est le trait caractéristique des anciens retranchements des légionnaires romains. On trouve quelquefois dans les vieux châteaux un créneau ouvert au saillant, ou sur les côtés, des créneaux obliques dont les axes se croisent un peu en avant du saillant (1).

2° On peut encore briser le parapet, aux environs du saillant, en *crémaillères* ou zigzags, par de courtes lignes alternativement perpendiculaires et parallèles à la capitale (fig. 67). On peut ranger cet expédient au nombre de ces tentatives décevantes qui, minutieusement élaborées dans le cabinet, semblent sur le papier satisfaisantes de tous points, mais qui sur le terrain sont d'une exécution difficultueuse, et dans la pratique après tout, ne prolongent nullement la défense. Sir John Jones remarque : « Cette

---

(1) Voir le château de Notland (Billings' *Bar. Antiq. of Scotland*, I).

« façon de disposer le parapet n'a pas généralement
« été considérée comme une mesure heureuse ; on
« a trouvé qu'elle augmente beaucoup trop le tra-
« vail, qu'elle ravit aux feux directs de l'ouvrage
« tout ce qu'elle donne aux feux obliques, qu'elle
« rend en outre la défense du parapet plus compli-
« quée pour l'infanterie. C'est pourquoi, toutes les
« fois que les circonstances n'ont point imposé
« quelque tracé particulier, on a mieux aimé don-
« ner une force de plus à l'ouvrage, que de laisser
« un angle saillant assez aigu pour nécessiter un pa-
« reil supplément de défense ; et particulièrement à
« Almada l'on a poussé l'application de ce principe
« assez loin, pour rendre presque circulaire le con-
« tour de quelques redoutes, » *(Memoranda rela-
ting to various details of field-works thrown up at
Lisbon, R. E. profes papers, vol. III)*.

3° Quand la redoute doit être armée d'artillerie,
les bouches à feu seront ordinairement placées en
barbette aux angles saillants ; ou si quelque raisons
spéciales exigent l'emploi d'une embrâsure, on tra-
cera sa directrice suivant la capitale.

Pour la défense des fossés des ouvrages dépourvus
de flancs, on peut également recourir à plusieurs
expédients :

1° On fait ample provision de grenades, qu'on
lance par dessus le parapet, au moment où les assaillants descendus dans le fossé sont sur le point de
s'élancer à l'assaut ou que, rejetés dans le fossé

après un assaut repoussé, ils y sont occupés à se rallier et à se reformer en bon ordre. L'on peut encore disposer au sommet du parapet, et prêts à rouler en bas, des bombes, des blocs de pierre massifs, des billes de bois arrondies. L'écriture raconte comment Abimelech fut tué sous les murs de Thèbes, par un éclat de pierre meurtrière lancé par la main d'une femme; Plutarque dit comment le même destin échut à Pyrrus, roi d'Epire, sous les murs d'Argos; et de nos jours, au dire d'Alison, à l'escalade du château de Badajoz, « des rondins de bois et des bombes lancées par dessus le parapet, écrasèrent et mirent en pièces des compagnies entières. » Les mêmes expédients peuvent servir à défendre l'accès d'une hauteur escarpée. A Bunker's Hill, dans un cas semblable, les Américains préparèrent des barriques remplies de pierres, et enchaînées deux à deux, destinées à rouler sur les assaillants.

2° Dans un ouvrage attaquable seulement au saillant, telle qu'une lunette, un redan, dont la gorge et les flancs sont complétement défendus de l'arrière, on peut établir aux extrémités du fossé et en travers de sa largeur, des stockades crénelées, à l'abri desquelles on couvrira de feux de mousqueterie les fossés qui longent les faces. Des rampes partant de la gorge permettront de communiquer avec les fossés en arrière des stockades. Ou bien encore la stockade pourra circonscrire l'ouvrage tout entier, en se développant tout le long du fossé, à quelques pieds seulement de la base de l'escarpe.

3° Si l'ouvrage est attaquable de tous côtés, on peut établir en travers du fossé une galerie de bois partant de l'escarpe, et aboutissant à la contrescarpe auquel cas son toit pourrait servir de pont, ou séparée d'elle par un élargissement du fossé en ce point. Cette construction se nomme *double caponnière*. Son toit est formé de traverses d'une épaisseur à l'épreuve de la mitraille ; ses deux faces sont crénelées, pour balayer le fossé à droite et à gauche. On l'établit soit au saillant soit vers le milieu d'une face. Un petit fossé longe ses murailles de bois, pour empêcher l'ennemi de tirer par les créneaux, ou d'accrocher les fusils des défenseurs. Si la caponnière doit servir de barraque, ce qui a lieu quelquefois, on se dispense du petit fossé, qui pourrait retenir des eaux stagnantes.

4° On peut creuser dans la contrescarpe une galerie embrassant les deux faces du saillant sur une longueur égale à la largeur du fossé, en sorte que les feux de ses créneaux balaient le fossé tout le long des faces. Dans un sol ordinaire, la galerie doit être revêtue et sa voûte étayée par des châssis et des madriers. Dans un terrain dur ou dans le roc, ce genre de galerie peut se passer de souténement, et est alors préférable à la caponnière : La fig. 68 en donne un exemple tiré d'une redoute élevée près d'Oeyras, dans les lignes de Lisbonne. Des passages pratiqués sous

le parapet assureront la communication avec la
caponnière, et habituellement même avec la galerie crénelée.

Il faut amplement subvenir à la ventilation de
ces deux ouvrages, par de nombreux évents en-
taillés sous la toiture.

Il est d'ailleurs évident que ces deux genres
d'ouvrages, par leur construction longue et dis-
pendieuse, ne conviennent qu'aux ouvrages de
campagne qu'un caractère plus relevé rapproche
de la fortification permanente.

Fort de campagne. — Ce nom technique s'applique aux ouvrages fermés d'un développement
et d'une importance assez considérables, pour
exiger des garnisons de 200 à 500 hommes. Leur
construction impliquant en général la grande
valeur de la position qu'ils occupent, il en faut
tracer le pourtour de manière à flanquer efficacement les saillants, et même, s'il se peut, les
fossés. Toute tentative pour douer de ces propriétés les petits ouvrages, serait éminemment
futile, parce que les angles rentrants que l'on
créerait en brisant le contour de l'enceinte en
lignes se flanquant mutuellement, tout en augmentant la longueur de crête à défendre, dimi-
nueraient énormément l'espace intérieur utile

pour l'aménagement des défenseurs. Dans ces sortes d'ouvrages, si les saillants sont en petit nombre, ils doivent être excessivement aigus; s'ils sont nombreux, les flancs se raccourcissent au point d'excéder à peine la largeur des talus des faces qu'ils sont destinés à défendre. Ainsi (fig. 70), soit un cercle de 50 yards (45^m,72) de diamètre, représentant l'aire d'un terrain qu'on doit occuper par une redoute : inscrivez-y un carré; son côté sera d'environ 36 yards (32^m, 92)· Obéissant à l'idée d'en flanquer les saillants, brisez-en chaque face pour créer un angle rentrant en son milieu : l'espace intérieur se réduit presque à rien, et la faible valeur de la construction se manifeste par l'inspection seule de la figure. Au lieu d'un carré, inscrivez dans le cercle un octogone (fig. 70), et brisez en de même les faces : l'espace intérieur, bien que très-découpé, ne se rétrécit pas autant, il est vrai, que dans le dernier exemple, mais le flanquement espéré se réduit à bien peu de chose. Et en effet, la longueur utile du flanc, c'est-à-dire la longueur réelle diminuée de l'épaisseur du parapet contigu, est de quatre à cinq yards seulement (3^m, 66 à 4^m, 57), et ne fournit sur la capitale du saillant qu'il regarde que les feux obliques d'autant de fusils. A peine y aurait-il place pour un ou deux fusils sur une aire un peu plus étroite.

Ces sortes d'ouvrages portent le nom de *forts étoilés*.

Sur une aire plus considérable de 120 yards (110 mètres) de diamètre par exemple, les objections précédentes perdent de leur importance. (fig. 71). Les irrégularités du sol, néanmoins, rendent en général peu convenable la construction d'un *fort étoilé* régulier d'aussi grandes dimensions; et, d'autre part, il n'est pas avantageux d'offrir à l'assaillant autant de points également susceptibles d'attaque. Mais un développement analogue, suivant une figure irrégulière et s'adaptant aux accidents du sol, de saillants alternés par des rentrants, est d'un usage très-fréquent dans la construction des forts de campagne. On peut également combiner avec ces faces irrégulières, toutes les fois que la position s'y prête, des bastions ou demi-bastions, ainsi que l'indique la fig, 73, qui représente le tracé de l'un des plus grands ouvrages élevés à Torres-Vedras.

La fig. 72 montre un fort régulier composé de bastions et de demi-bastions. Le demi-bastion, bien que d'un flanquement moins efficace que le bastion entier, rétrécit moins l'espace intérieur, et vaut mieux quelquefois. Ainsi (fig. 72), bien que la longue face AF ne soit point aussi favorablement établie, pour flanquer la face EB, que si elle eut été brisée en face, flanc et courtine, cependant elle est elle-même mieux défendue par le flanc EF, que brisée elle ne l'eut été. Il s'ensuit que si la face et le flanc FEB sont rendus inexpugnables par un précipice ou quelque inondation, la construction demi-bastionnée doit être préférée, outre qu'elle offre toujours l'avantage de donner à l'intérieur plus d'espace.

Quant aux flancs défendus par l'artillerie, « il » doit être admis en règle générale qu'un flanc ne » peut être redoutable pour l'infanterie, qu'à la » condition de contenir ou moins trois pièces » d'ordonnance; et pour qu'un flanc de trois » pièces soit réellement formidable, encore doit- » il être dans une position difficilement aborda- » ble, et dans un ouvrage qu'on ne puisse pas » emporter par un simple coup de main. » (*Memoranda on the Lines*, etc. by sir John Jones).

Il faut observer que les angles rentrants des forts étoilés sont toujours des *angles morts,* c'està-dire se dérobant toujours aux vues et aux feux du parapet. Il en est de même des angles de cour-

tine dans les fronts bastionnés, quand le *côté
extérieur,* ou la distance entre les saillants des
bastions, n'est pas d'une certaine longueur. En
effet, soit r le plus petit relief qu'il convient de
donner à un ouvrage, dont la plongée est tenue
à la pente de 1 pied sur 6 : il est clair que tout
point du fond du fossé dont la distance au parapet d'un flanc sera moindre que 6 fois le relief r,
ne sera ni vu ni battu par ce flanc. Dès-lors, si
la *courtine,* ou l'intervalle séparant deux flancs
qui se regardent, n'excède pas en longueur 6 fois
le relief r, les angles de la courtine seront des
angles morts; et si la moitié de la courtine est
moindre que 6 fois le relief r, il y aura vers le
milieu du fossé de la courtine, une certaine zone
qui ne sera ni vue ni battue par aucun des deux
flancs.

Dans les ouvrages de campagne, qui couvrent
ordinairement une faible surface, et dont la défense en général se fait par les petites armes, il
est souvent impossible, dans le tracé des bastions, de donner assez d'étendue au côté extérieur pour empêcher toujours l'existence des
angles morts. C'est pourquoi des galeries de bois
percées de créneaux pour la défense des fossés,
seront d'un emploi très-avantageux dans les ou-

vrages de quelque importance, bien que pourvus de parapets flanquants : elles pourront être pratiquées dans la contrescarpe du saillant, ou sous le massif même des flancs.

Une autre façon de prolonger la défense consiste à couper l'enceinte fortifiée, en arrière des points les plus faibles et les plus attaquables, par un second parapet précédé d'un fossé, pour que la perte du point d'attaque n'entraîne pas celle de l'ouvrage entier. Cette ligne intérieure se nomme *retranchement*. Toute position importante doit être pourvue d'un *donjon* ou *réduit*, enceinte intérieure fortifiée, destinée à servir de dernier poste de ralliement, et de théâtre aux suprêmes efforts de la défense Un édifice existant peut devenir le noyau d'un fort de campagne, et lui tenir lieu de réduit. En Portugal, les moulins à vent, très-nombreux en ce pays, se sont ainsi transformés en excellents réduits intérieurs.

A défaut d'édifices se prêtant convenablement à ce rôle extrême de la résistance, on peut, quand l'on a du bois, construire un *blcokhaus* ou réduit couvert, fait principalement en bois. Des montants verticaux, de neuf pouces au moins d'équarrissage ($0^m, 23$), en forment les murs ; un couronnement de sablières relie leur partie supérieure ;

dessus reposent, de distance en distance, de fortes poutres recouvertes d'un toit de fascines ou de madriers, chargé de deux à trois pieds de terre (0^m61, à $0^m,92$). Les murs sont crénelés, et les lits de camp en bois des soldats sont placés sur le pourtour, de manière à tenir lieu de banquette de fusillade. Un fossé sert de ceinture à l'ouvrage, et les terres qu'il fournit sont amoncelées contre les murs jusqu'à la hauteur des créneaux. Les intervalles laissés entre les poutres supérieures demeurent ouverts pour la ventilation; l'entrée s'effectue par un pont de planches légères, susceptibles de se replier dans l'intérieur du blockhaus. Un remblai ou quelque éminence s'élevant dans l'intérieur d'un fort de campagne, peut servir d'emplacement au blockhaus. Dans ce cas, au lieu de l'entourer d'un fossé, l'on peut escarper le remblai, et protéger sa base par un fort palissadement.

Si l'on peut disposer de beaucoup de temps et de matériaux, et que l'on redoute une attaque par l'artillerie, on peut donner à la construction des façons plus résistantes. On forme l'enceinte, à cet effet, d'une double ligne de murs, dont l'on bourre l'intervalle avec des terres bien damées; on peut même élever sur le pourtour de la toiture, un petit parapet en terre, fournissant à la garnison resserrée dans son étroit logement inté-rieur, un emplacement abrité pour cuire les aliments et respirer l'air frais. En même temps cette terrasse servira de tour d'observation, où veilleront des sentinelles, et ajoutera à la défense une nouvelle force. L'épaisseur sera réglée pour résister aux obus de petit calibre, et de forts poteaux montants l'étaieront solidement à l'intérieur.

Si le temps presse, ou si les moyens font défaut, on peut d'abord élever un parapet de terre; planter en contact avec le talus intérieur, et de distance en distance, de solides poteaux dépassant la crête desept à huit pouces environ ($0^m,18$ à $0^m,20$), relier leur sommet par un couronnement de sablières; par dessus. On revêt le talus intérieur, et l'espace ouvert, laissé entre la crête et le couronnement supérieur, tient lieu de créneau pour les fusillades (*Dufour.*)

En plan, un blockhaus peut offrir la forme d'un simple rectangle, ou, sur des plus grandes dimensions, affecter celle d'une croix. Élevé sur un saillant flanqué du fort, il revêt, dans ce cas, la forme du parapet qui l'enveloppe. Un fort occupé par une garnison nombreuse, doit contenir plusieurs réduits intérieurs de ce genre, pour servir à loger tous les défenseurs, ou du moins presque tous.

On peut construire des blockhaus à deux étages. Alors l'étage supérieur saillit en dehors, de manière à former un balcon ou des machicoulis, permettant de couvrir de feux les approches du rez-de chaussée.

CHAPITRE V.

CALCULS NÉCESSAIRES POUR L'EXÉCUTION DES OUVRAGES.

> « Un soldat doit savoir que lorsque
> les circonstances demandent des re-
> tranchements, il est de son devoir d'y
> travailler, autant que de monter la
> garde ou de porter les armes. »
>
> Réflexions de Monk, duc d'Albe-
> marle, sur des sujets militaires et po-
> litiques.
>
> « Devant l'ennemi, un soldat doit
> autant travailler que combattre. »
>
> Ordre général de Sir T. Graham
> (Lord Lynedoch), à Cadix, en 1810.

Lorsqu'il s'agit d'exécuter un ouvrage de campagne, il faut d'abord déterminer son tracé et le
profil du parapet. On donne le nom de *déblai* à

la masse de terre prise au-dessous du terrain naturel, et celui de *remblai* au massif formé par les parapets, etc.

Les dimensions du fossé dépendent de la quantité de terre nécessaire pour le remblai, et celle-ci doit être calculée tout d'abord. Si la profondeur du fossé est fixée à l'avance, ce qui a lieu souvent lorsque l'on trouve le roc ou l'eau près de la surface du sol, on devra déterminer sa largeur d'après le volume du parapet. Si on se donne d'abord la largeur du fossé, on en déduira la profondeur.

Supposons connue l'aire d'un profil du parapet et prenons pour le fossé une profondeur arbitraire. Lorsque le tracé de l'ouvrage ne présente pas d'angles ou d'arrondissements saillants, le calcul peut se borner à diviser l'aire du profil par la profondeur du fossé, le quotient donnant la largeur moyenne de ce dernier. Mais il est évident que l'excavation calculée ainsi donnerait trop de terre à un saillant, et trop peu à un rentrant. On ne peut se proposer d'atteindre une précision complète, et lorsque l'on a successivement des angles saillants et rentrants équivalents, comme dans un fort étoilé, on peut admettre qu'il y a compensation entre les excédants des déblais et des remblais. Mais dans le cas d'une redoute carrée ou polygonale sans angles rentrants, ou dans un fort bastionné où les saillants l'emportent de beaucoup, si l'on donne des surfaces équivalentes aux profils du parapet et du fossé, on aura un grand excès de déblai, qui obligera de réduire le profil du fossé.

Dans un tracé régulier, on peut faire le calcul pour un angle ou un front, chercher le rapport de cet excédant de déblai au cube total donné par le fossé de cet angle ou de ce front, et en déduire la réduction à faire subir à la largeur du déblai. Dans un tracé irrégulier, au contraire, il faudrait faire un calcul à part pour chaque subdivision de l'ouvrage, ce qui serait fort pénible. Nous allons indiquer la solution exacte du problème telle qu'elle est indiquée dans le *Traité de fortification* du major Straith, au chapitre II.

Le volume de tout solide de profil constant est égal au produit de l'aire de ce profil par le chemin parcouru par son centre de gravité. Or, ce chemin sera plus court pour le parapet que pour le fossé dans le cas d'un ouvrage convexe; l'inverse aura lieu dans le cas d'un tracé concave. Il faudra donc dans le premier cas réduire, et dans le second augmenter en conséquence la section du fossé. Quand on a déterminé la position des centres de gravité, une seule opération suffit pour donner le cube du parapet. Mais chaque fois qu'il se rencontrera des variations considérables, comme de grandes rampes, des traverses, des batteries à barbettes, etc., etc., il faudra faire des calculs distincts pour connaître le déblai à faire (1).

Lorsque toutes les dimensions sont fixées, on trace l'ouvrage sur le terrain, en déterminant d'abord l'emplacement des principaux angles

---

(1) Le profil d'un parapet peut se décomposer en rectangles et en triangles. Le centre de gravité d'un triangle est à la rencontre de deux des lignes joignant les sommets au milieu des côtés opposés. Le centre de gravité d'un rectangle est à la rencontre de ses diagonales. La distance du centre de gravité d'un système de corps à un plan donné est égale à la somme des produits du cube de chaque corps par la distance de son centre de gravité à ce plan, divisée par la somme des cubes de tous ces corps. Par conséquent si l'on partage le profil, fig. 74, en triangles et en rectangles ayant leurs centres de gravité respectifs en a b c d, le centre de gravité du profil total étant en g, et si l'on abaisse de chacun de ces points des perpendiculaires a A, b B, c C, d D, g G sur l'horizontale P Q on aura

$$P\,G = \frac{P\,A + tr^{le}\,a + P\,B + rect^{le}\,b + P\,C + tr^{le}\,c + P\,D + tr^{le}\,d}{triangle\ a + rectangle\ b + triangle\ c + triangle\ d.}$$

On en déduit la position de la projection horizontale G du centre de gravité total, et par suite on trouve sur le plan de l'ouvrage le chemin parcouru par ce centre de gravité.

saillants, et marquant la crête intérieure. Si le
terrain est suffisamment de niveau, on peut mener les arêtes des différents talus parallèlement
à cette crête intérieure. On place ensuite suivant
les capitales, et perpendiculairement aux faces,
des profils formés de tringles ou des pieux et on
les relie par des cordes : on peut alors commencer le déblai. Quand le terrain est irrégulier, le
pied du talus extérieur et celui de la banquette
à l'intérieur ne sont pas parallèles à la crête, et
on les obtient facilement en élevant deux profils
donnant exactement les pentes des talus. On
place l'œil successivement dans chacun des plans
ainsi formés, et on trace de suite sur le sol l'intersection de ces plans avec ce terrain naturel.

Si on est pressé par le temps, on se contente
de fixer la position de la crête inférieure et celle
de l'axe du fossé. On commence le déblai de manière à ne pas dépasser sa forme à venir, et en
même temps on place des profils et on complète
le tracé avant d'avoir besoin des détails (1).

Avant d'entamer l'exécution d'un ouvrage, il

(1) Il est sans doute inutile de faire remarquer que dans tout ce
qu'on vient de lire, l'auteur n'a rien dit du *foisonnement* des terres,
qui devrait aussi entrer en ligne de compte.

(Note du Traducteur.)

est naturellement indispensable de calculer le nombre de travailleurs nécessaire pour l'achever dans le temps prescrit. Sans entrer dans des détails trop circonstanciés, il suffira de dire que dans une terre facile à manier on peut compter sur un déblai de 27 pieds cubes (0^m, 765) par heure de travail. Quand le retranchement ne consiste qu'en un bourrelet de terre prise dans une tranchée intérieure, on peut espacer les hommes de 6 pieds, et ils achèvent eux-mêmes le travail. Quand on veut avoir un profil complet avec banquettes, etc., on peut augmenter des deux tiers le nombre d'hommes nécessaire. Si le fossé est large on peut y mettre un double rang de piocheurs et employer les deux tiers du nombre total à former les parapets, etc.

Le développement de la crête du parapet d'un ouvrage doit être proportionné au nombre d'hommes et de bouches à feu dont on pourra disposer pour sa défense. Pour une longue ligne, ou un ouvrage ouvert à la gorge, il sera suffisant de compter un homme par mètre courant de parapet pour un seul rang de défenseurs, deux si l'on en a deux, et un troisième, si l'on peut, comme réserve.

Dans un ouvrage fermé, où la garnison doit

s'attendre à être bloquée pendant peut-être plusieurs jours, on doit s'occuper, en déterminant le chiffre du détachement, de l'espace dont on pourra disposer pour contenir les hommes à l'intérieur, aussi bien que du développement des crêtes.

Il faut donner, en dedans du pied des talus, 20 pieds carrés par homme. Une pièce de campagne en batterie occupe 6 yards de parapet et demande 300 pieds carrés de surface pour parquer à l'intérieur.

Par conséquent, le calcul des dimensions intérieures de chaque ouvrage de cette espèce nécessitera un balancement entre divers éléments, afin de pouvoir satisfaire à ces conditions.

Prenons pour exemple une redoute carrée devant contenir 200 hommes et deux canons, et cherchons ses dimensions. En admettant que les hommes soient placés sur deux rangs pour la défense, et que 60 d'entre eux forment la réserve, $200 - 60 = 140$ sera le nombre des défenseurs à placer sur les banquettes, et $\frac{140}{2} = 70$ sera le nombre des files.

$$70 \text{ files prennent } 70 \text{ yards,}$$
$$2 \text{ pièces prennent } 12 \text{ yards,}$$

Le développement du parapet est 82 yards,

et $\frac{812}{4} = 20\frac{1}{2}$ ou 21 yards sera le côté de la redoute.

Mais comme le côté du terre-plein, en dedans du pied des banquettes, sera au moins de 5 yards plus court que la crête, il ne sera que de 15, et la surface du terre-plein sera de $15 \times 15 \times 9 =$ 2,025 pieds carrés. Or, il nous faut :

Pour 200 hommes   4,000 pieds carrés,
Pour deux bouches à feu   ,600 *id.*
            Ensemble, 4,600

La redoute ne pourrait donc pas dans ces conditions contenir sa garnison.

Supposons alors que les hommes étant sur deux rangs, il n'y a pas de réserve,

     100 files de défenseurs occuperont 100 yards
            de crête,

     2 bouches à feu,   12,
                  Ensemble,   112.

Ce qui donne 28 yards pour le côté de la redoute, et 23 yards pour le côté du terre-plein, dont la surface intérieure sera de $23 \times 23 \times 9 = 4,761$ pieds carrés, et pourra contenir la garnison avec son artillerie, et un espace libre de 161 pieds carrés.

Admettons maintenant que la réserve d'environ $\frac{1}{3}$ des défenseurs soit obligatoire, et cherchons les nombres qui satisferont à la fois, tant pour la surface intérieure que pour le développement de la crête ; et supposons une garnison de 400 hommes dont 130 forment la réserve, et deux bouches à feu, $\dfrac{400 - 130}{2} = 135$ sont les files $135 + 12$, le développement des crêtes et $\dfrac{135 + 12}{4}$ soit :

37 yards, le côté de la redoute, 32 yards sera le côté du terre-plein, et $32 \times 32 \times 9 = 9,216$ pieds carrés représenteront la surface du terre-plein. Or,

$$\begin{array}{lr} 400 \text{ hommes occupent} & 8{,}000 \text{ pieds carrés,} \\ 2 \text{ bouches à feu,} & 600 \\ \hline & 8{,}600 \end{array}$$

La surface obtenue est donc de 616 pieds carrés trop grande.

Une garnison de 390 hommes sur deux rangs 130 formant la réserve, et deux canons rempliraient bien les conditions ci-dessus, et le côté de la redoute serait de 32 yards et $\frac{1}{7}$.

CHAPITRE VI.

DES LIGNES OU SYSTÈMES D'OUVRAGES.

> « .... Nous élèverons les murailles et un ravelin pour nous abiter, ainsi que notre flotte Nous y ménagerons des barrières solides et bien renforcées qui assureront un libre passage à nos chevaux et à nos chariots. Tout autour nous creuserons un fossé assez creux pour garantir nos soldats de toutes les attaques de l'infanterie et de la cavalerie. De cette manière nous rendrons vains tous les efforts que je vois médités par les orgueilleux Troyens. »
>
> *Iliade,* chant VII.

Nous avons rapidement décrit le tracé et le profil des principaux ouvrages, l'établissement des obstacles auxiliaires, les matériaux les plus utiles à la défense, et les méthodes ainsi que les calculs nécessaires pour installer les ouvrages de campagne. C'est à l'ingénieur à tirer parti de ces méthodes et de ces procédés, pour les employer isolément, ou les combiner ensemble, suivant ce qui convient le mieux aux localités et aux circonstances.

On donne le nom de *lignes* à tout un système d'ensemble d'ouvrages de campagne. On les distingue ordinairement en *lignes continues* et *lignes à intervalles*.

La construction de lignes continues d'une grande étendue est en usage depuis fort longtemps. César en cite très-souvent. Il existait avant lui un exemple de lignes continues établies sur un développement de 1500 milles, exemple qui subsiste encore aujourd'hui ; c'est, dit un poète, cette puissante muraille de la Chine, construction gigantesque et presque fabuleuse.

Le long du chemin de fer d'Edimbourg à Glasgow, on peut encore suivre les traces désignées que les légions d'Antonin construisirent pour protéger la Grande-Bretagne contre les barbares indomptables des monts Grampians. C'était une coutume générale autrefois de construire une double ligne autour d'une forteresse assiégée, l'une de *contrevallation* pour enfermer la garnison, l'autre de *circonvallation* pour arrêter l'arrivée des secours. On agissait encore de même au siècle dernier. Nous citerons comme exemples les lignes autour de Platée, mentionnées par Thucydide (1), les lignes construites par César autour d'Alésia, les lignes du prince Eugène autour de Belgrade, et celles des Français devant Turin en 1706.

Les généraux français du commencement du siècle dernier aimaient à construire des lignes étendues. Nous voyons chaque année Villeroi, Vendôme ou Villars élever des retranchements de 30, 50 et même 70 milles de développement ; et presque à chaque fois nous voyons aussi les premiers généraux des alliés tourner ou enfoncer ces lignes. Le système qui consiste à renfermer une grande étendue de pays dans des lignes continues est généralement condamné maintenant ; il affaiblit au lieu de consolider. Dès que le retranchement n'est plus seulement une clôture,

---

(1) « Or, voici comment était établi le mur des Pélopolésiens. On avait construit deux lignes, une contre les Platéens, et une contre une attaque extérieure venant d'Athènes. »

Thucydide.

Les dernières grandes lignes de circonvallation furent faites devant Mayence par les Français, en 1795.

un obstacle passif, reliant des rivières, des marais, deux places fortes, ou quelque chose d'analogue, derrière lequel un combattant numériquement plus faible peut suivre les mouvements de l'ennemi sans avoir à craindre d'être amené malgré lui à un engagement, le développement des crêtes ne doit pas dépasser la longueur que l'armée peut efficacement défendre. Les camps rectangulaires et profonds des Romains se prêtaient à merveille à une défense basée sur un retranchement continu, tandis que ce moyen ne convient plus aux campements longs et étroits en usage depuis l'introduction des armes à feu et de la tactique moderne. Sur une ligne de grande étendue Il y a nécessairement tant de points susceptibles d'être attaqués, que l'on ne peut décider d'avance ceux sur lesquels les efforts de l'ennemi pourront se porter, ni par suite y concentrer tous les moyens de défense, principaux et accessoires, ce qui disperse et diminue les forces. En enfermant nos troupes nous abandonnons à l'ennemi *l'initiative*, le choix du lieu et du moment d'une rencontre. Il peut seul alors masser ses troupes, et l'on ne peut guère plus donner aux lignes le titre de fortifications; car tandis que l'on concentre ses moyens pour repousser l'ennemi sur

un ou deux points, il peut forcer la ligne plus
loin, et une ligne forcée est presque toujours
perdue. En outre, une ligne continue empêche
les défenseurs de reprendre rapidement l'offensive lorsque l'occasion s'en présente, attendu
que les sorties et les retraites ne peuvent s'opérer
que par des défilés étroits, sur lesquels l'ennemi
peut concentrer le feu de son artillerie (1). En
même temps les sinuosités du tracé bastionné
obligent de garnir de monde un développement
de crêtes presque double de la longueur du front
à défendre, et entravent une marche en avant,
lors même qu'elle n'est pas déjà gênée par les
obstacles que l'on a pu placer en avant. Enfin ce
genre de retranchements a encore le défaut de
demander beaucoup de travail, et de ne pouvoir
se faire à la dérobée.

En 1654, lorsque Condé, entrant dans sa pa-
trie à la tête d'une armée espagnole, vint mettre
le siége devant Arras, il appuya son investissement, suivant la coutume alors en vigueur, d'une

---

(1) Le prince d'Orange retira ses troupes pour lui livrer bataille
(à Condé), et, dans ce but, *après avoir à grand peine comblé nos
lignes de contravallation pour faciliter le passage de la cavalerie*, nous
restâmes sous les armes toute la nuit. » *Mémoires du capitaine Carleton.*

double ligne de circonvallation. Turenne attaqua ces lignes, les força sur tous les points, et fit lever le siége. Bientôt après, Turenne fut vaincu lui-même dans les mêmes circonstances, devant Valenciennes qu'il venait d'investir; mais à Dunkerque, étant dans le même cas, il sortit de ses lignes et battit les Espagnols, commandés par Condé, à la célèbre bataille des Dunes (1).

Dans les lignes à intervalles, au contraire, les points saillants et les plus importants sont occupés par des ouvrages tracés de manière à se prêter un appui réciproque, et à assurer efficacement la possession du terrain sur lequel ils sont espacés, mais en même temps susceptibles jusqu'à un certain point de se défendre par eux-mêmes. Les intervalles qui les séparent restent disponibles pour les évolutions des troupes, qui peuvent se masser au besoin, au lieu de rester disséminées sur une grande longueur de crêtes. En somme, après avoir détaché les garnisons nécessaires à ces ouvrages de campagne, qui forment comme les bastions et les dehors de ce système de défense, les troupes qui restent tiennent lieu

____

(1) Voir les plans de ces trois batailles dans les *Mémoires de Turenne,* de Ramsay.

des courtines ; seulement on a des courtines mobiles quand il le faut, ce qui n'a pas lieu quand
celles-ci sont formées de parapets et de fossés. Si
l'ennemi cherche à enlever la ligne par surprise
sur un certain point, comme chaque ouvrage doit
être emporté successivement, on a le temps de
réunir des renforts et de reprendre les ouvrages
déjà pris. Il faut aussi tenir grand compte de
l'effet moral d'une disposition qui permet de secourir les défenseurs des ouvrages, et conserve
une grande partie de l'armée pour de vigoureux
mouvements offensifs, tout en assurant des secours et un point de ralliement, si l'on est repoussé.

Dans les lignes à intervalles, les points avancés
sont généralement occupés par des redans ou
autres ouvrages ouverts à la gorge. Leurs forces
sont flanquées par des batteries placées dans les
rentrants, et ces batteries sont elles-mêmes fortement protégées en arrière par des redoutes et des
forts consolidés par tous les moyens disponibles.
(Pl. V, fig. 83.) Les villages et les fortes constructions qui sont situées dans un système de
lignes, doivent être compris dans le tracé, et fortement occupés comme postes de flanquement,
surtout sur les arêtes saillantes du terrain et dans

les angles rentrants ou origines de vallons entre
ces arêtes. Un fort situé sur les lignes ou en arrière
protégera les approvisionnements de l'armée re-
tranchée, et donnera un point d'appui à l'abri
d'un coup de main. Il faudra le relier directement avec la ligne principale ou avec les retranchements mêmes du camp. Ces dispositions protégent la retraite des défenseurs et augmentent
beaucoup les moyens du défense de fort, sans lui
faire perdre de sa valeur primitive.

Le camp retranché, construit par Frédéric II,
en 1761, dans les environs de Schweidnitz, lorsqu'il se vit entouré par les armées des Autrichiens et des Russes, le sauva d'une ruine totale
au moment le plus critique de son histoire, et eut
beaucoup de célébrité dans le siècle dernier
comme exemple de fortification de campagne
sur une grande échelle. Il consistait en un grand
nombre d'ouvrages détachés établis sur une
chaîne de petites hauteurs, et couverts en avant
par de petits cours d'eau ne laissant que quelques
points susceptibles d'être attaqués L'ensemble
du camp formait un rectangle ayant sur son pourtour six saillants occupés par de fortes redoutes
qui tenaient lieu de bastions, commandaient le
terrain tout autour, et flanquaient les ouvrages

plus retirés. Les hauteurs de Wurben, qui domi-
naient l'intérieur du camp, furent soigneusement
retranchées de manière à former une citadelle
pour tout le système. Les troupes y furent employées avec une activité remarquable pendant
dix jours et dix nuits. Des abattis, des trous de
loup, des fougasses, entouraient les retranchements, et plus de 180 bouches à feu balayaient
les approches (1).

Il peut se faire que l'on n'ait pas le temps de
fortifier un champ de bataille par des travaux en
règle, mais même dans ce cas des villages, des
groupes de maisons, des bois, des mamelons et
d'autres lieux remarquables, judicieusement
choisis, et bien défendus, sont souvent les éléments de succès de la défense. Ce principe est
vrai lors même que l'on est forcé d'employer ces
moyens tels qu'ils se rencontrent, comme à Li-
gny; ou quand on a quelques heures à utiliser
pour les perfectionner un peu, comme Hougou-
mont à Waterloo; ou quand on peut les combiner avec des travaux de campagne, comme
firent les Anglais à Alexandrie en 1801, et les
Français à Fontenoy en 1745; soit enfin lorsque

(1) Jomini. *Traité des grandes opérations*, chap. 28.

les points importants sont tout à fait artificiels ou à peu près, comme dans la position que prit le czar Pierre le Grand à Pultawa en 1709.

Dans ce dernier cas, quelques redoutes élevées en une nuit par les Russes sur le champ de bataille suffirent pour arrêter la longue série des victoires de Charles XII, et le mettre pendant plusieurs années à la merci des Turcs comme un misérable fugitif.

Les retranchements à intervalles et les abattis du maréchal de Villars sur les hauteurs boisées de Malplaquet, en 1709, firent de la dernière des victoires de Marlborough celle qui fut aussi la plus sanglante et le plus vaillamment disputée. Ce jour-là un enfant de quatorze ans parcourut à cheval les lignes françaises avec les généraux alliés. C'était Maurice de Saxe, qui, trente-six ans plus tard, à la tête d'une armée française, fit éprouver aux Anglais, avec les mêmes Hollandais pour alliés, le plus grand échec qu'ils aient eu dans

----

(1) La bataille de l'Alma fait voir ce qui peut arriver quand on néglige d'avoir égard à ces considérations. Les hauteurs du Télégraphe, si vigoureusement escaladées par la division Bosquet, se prêtaient facilement à quelques travaux de défense, qui eussent pu retarder notablement le succès de la journée.

(Note du Traducteur).

le xviiie siècle, et cela sur le champ de bataille de Fontenoy qu'il avait choisi et rapidement renforcé de quelques redoutes.

On eut moins souvent recours aux retranchements pendant la dernière grande guerre que dans les opérations plus prudentes de la génération précédente; cependant les guerres de la Révolution française fournissent bon nombre d'exemples où l'emploi de la pelle amena des résultats importants.

La grande redoute du village de Fleurus, tenant bon jusqu'à l'arrivée des renforts de Jourdan, sauva les Français d'une défaite en 1794; les travaux des Autrichiens à Jemmapes, bien qu'enlevés à la fin par l'audace des troupes républicaines, firent éprouver aux vainqueurs une perte plus forte que celle des vaincus. De même aussi les redoutes russes disputées avec tant d'acharnement à Borodino jouèrent un rôle considérable dans cette terrible bataille.

Un des exemples les plus remarquables dans l'histoire de l'art de l'ingénieur en campagne, est celui que cite tout naturellement tout écrivain anglais qui traite des questions militaires. Ce sont les lignes que lord Wellington traça pour couvrir Lisbonne, et derrière lesquelles il se retira après la victoire de Busaco, en 1810, bravant les efforts des Français commandés par le plus capable des lieutenants de l'Empereur. Ces lignes étaient remarquables pour l'étendue de terrain qu'elles occupaient, et par leur grand nombre d'ouvrages proportionnellement à l'effectif de l'armée qui devait les défendre. Mais ces exceptions aux principes ordinaires étaient justifiées par les circonstances particulières où l'on se trouvait placé ; d'abord la région que l'on défendait formait une presqu'île, dont un flanc était presque appuyé à la mer, un autre au Tage, de sorte que les lignes ne pouvaient être tournées ni attaquées par derrière, tandis que les approvisionnements et les renforts avaient un accès assuré ; ensuite la force extraordinaire des flancs en faisait des points d'appui plutôt que des positions à défendre. De plus, les crêtes du mont Junto, inégales et inaccessibles à l'artillerie, s'étendaient devant le centre des lignes pendant 15 milles et obligeaient les assaillants à faire une marche longue et pénible pour se porter d'un flanc à l'autre, tandis que de la position centrale du gros de l'armée anglaise une marche fort courte permettait aux défenseurs de se porter au secours de la droite ou de la gauche. Enfin les

signaux pouvaient se transmettre d'un bout à
l'autre avec vitesse et précision. « Sur toute la
» ligne il n'y avait pas de tranchée continue obli-
» geant de distraire une seule brigade des diver-
» ses colonnes ; ces ouvrages étaient une force
» additionnelle donnée à l'armée sans enle-
» ver un seul homme à son effectif. » (John
Jones).

Des exemples récents dans l'Inde, sur les bords
du Suttlej, ont fait voir la résistance formidable
que peuvent opposer des retranchements d'un
tracé solide, défendus par des pièces bien ser-
vies, lors même que les ouvrages ne sont que peu
de chose par eux-mêmes, comme à Ferozshuhur ;
et à Goojerat, c'est en s'emparant des villages
occupés par les Sikhs que les Anglais ont éprouvé
le plus de pertes.

Supposons qu'il s'agisse de défendre par des
lignes un passage de rivière. Lorsque l'on a le
choix de l'emplacement du pont il faut préférer
un coude rentrant, parce qu'il permet d'accumu-
ler des feux croisés et d'enfilade sur l'ennemi qui
menacerait le pont, et aussi parce que dans un
cours d'eau qui traverse des terrains d'alluvion la
rive convexe aura presque toujours les bords les

plus élevés, et dominant le mieux les environs (1). Sur l'autre rive, et pour couvrir le pont ou le gué, on peut construire un redan, un ou-

(1) « ... Le roi examina avec sa lunette chaque partie et chaque coude de la riviere ; il voyait qu'elle n'avait qu'un long parcours presque rectiligne et ne pouvait trouver l'endroit qu'il eût désiré ; mais à la fin il se dirigea vers le nord, et, examinant encore le cours d'eau, il s'aperçut que la rivière faisait un grand détour, et revenant brusquement sur elle-même, formait un presqu'île ronde et étroite. « Voici qui fera notre affaire, dit le roi, et c'est là que je passerai » en dépit de Tilly, si le terrain est bon..... » Les Impériaux s'aperçurent de ce dessein, mais trop tard pour s'y opposer. Les mousquetaires, placés dans la grande tranchée, et les cinq batteries entretinrent un feu si nourri, que l'autre rive qui, comme on l'a dit plus haut, se trouvait de douze pieds plus basse, ne fut plus tenable pour les Impériaux. Là dessus, Tilly, pour mieux recevoir le roi à son passage, fit élever, dans un bois placé droit devant la pointe et aussi près que possible de la rivière, une batterie de 20 pièces, avec un épaulement pour abriter ses hommes. Il pensait pouvoir écraser facilement avec son artillerie le pont que le roi essayerait d'établir. Mais le roi s'était mis doublement en garde ; d'abord en plaçant son pont si bas qu'aucun projectile de Tilly ne pouvait l'atteindre, car le pont n'était pas d'un demi-pied plus haut que l'eau. De cette manière le roi, qui se montrait ainsi excellent ingénieur, l'avait garanti des batteries qui pouvaient s'élever d'un côté, et le coude de la rive le garantissait des batteries plus éloignées de l'autre côté. Ensuite le feu du canon et de la mousqueterie chassa les Impériaux de leur établissement devant le pont, d'autant qu'ils n'avaient pas d'ouvrages pour les appuyer. »

(Passage du Lech, par Gustave Adolphe. Tiré des *Mémoires d'un cavalier*, de Defoe.

Le récit ci-dessus, bien que raconté par un personnage supposé, donne un précis animé et exact de cet exploit, l'un des plus beaux coups de vigueur qu'on ait jamais exécutés. Ce fut là que périt le brave Tilly, le Blücher du 17e siècle, qui avait survécu à 50 campagnes et à 36 victoires.

vrage à cornes ou un ouvrage à couronne avec de
larges trouées pour permettre la retraite des défenseurs. Immédiatement devant la tête du pont
on établit un redan ou un double redan en palissades. De l'autre côté et tout près de la rive, des
batteries tracées à la manière ordinaire flanquent
les branches de la tête de pont, et battent son
intérieur ainsi que le pont ou le gué. On garnit
aussi le bord de la rive de tranchées pour la mousqueterie. Une ou deux petites redoutes et un
fort passager couronnent le terrain en arrière et
commandent les ouvrages précédents.

Si la tête de pont n'a pour but que d'assurer
le passage de la rivière à une armée en retraite,
il est inutile de faire sur la rive dont on est maître des travaux perfectionnés. On les réservera
pour les passages d'une importance durable, et
dont on voudra s'assurer la possession permanente.

Nous avons expliqué suffisamment pourquoi il
faut éviter d'employer des lignes continues pour
l'ensemble ou la majeure partie d'un système de
défense. Il y a cependant des cas où il peut être
bon de tracer et d'exécuter des ouvrages conti-
nus d'une longueur considérable. Une telle ligne,
par exemple, peut être nécessaire pour fermer le

passage des convois dans une région de pays donnée, ou pour en détourner de petits partis ou des
corps de cavalerie qui voudraient faire des incur-
sions pour fourrager, piller et ravager la con-
trée. Elle peut être aussi une partie nécessaire
d'un grand système d'ouvrages détachés, surtout
lorsque des obstacles naturels ou artificiels en
rendent les abords assez difficiles pour que l'on
puisse en toute sécurité en confier la garde à un
faible corps de troupes. Il peut encore être utile,
lorsque l'on a des troupes nombreuses mais peu
aguerries et peu propres à prendre l'offensive, de
former des lignes presque continues pour encou-
rager ces troupes à se maintenir dans leurs positions. Enfin, on peut avoir à faire une ligne
d'une certaine étendue pour relier deux ouvrages
qui se trouveraient isolés sans cela.

Dans le premier cas, le tracé le plus simple
est le meilleur ; c'est une ligne droite interrompue
à de grands intervalles par des redans qui reçoi-
vent la garde et donnent quelque flanquement
(Pl. V, fiig. 75). Dans les parties où on peut craindre qu'on ne vienne forcer la ligne on peut rapprocher ces redans, ou briser la courtine dans
chaque intervalle (fig. 76 et 77). Ce dernier tracé
est préférable en ce qu'il ne présente que deux

points d'attaque au lieu de trois sur le même développement. Le tracé à tenailles (fig. 78) offre
des saillants également attaquables, mais ils sont
presque aussi écartés les uns des autres que les
points d'attaque du tracé précédent.

La ligne à crémaillère (fig. 79 et 80), qui
consiste en de longues faces alternant avec de
petits flancs formant entre eux des angles droits
ou peu obtus, est un genre de tracé excellent pour
une longue courtine ou une communication entre deux ouvrages. Dans ce cas on peut l'exécuter comme une tranchée, en jetant la terre au
dehors; ce procédé demande peu de travail et
n'arrête pas les mouvements offensifs des défenseurs. Dans les portions continues d'une série
importante de lignes, on peut adopter le tracé
bastionné, (fig. 81 et 82).

Lorsque le contour général d'un système de
lignes est polygonal, il faut apporter un soin tout
particulier à la défense du saillant principal à
l'angle du polygone. Non-seulement on y fera
converger autant que possible tous les feux des
ouvrages situés à droite et à gauche, mais encore
on peut briser le saillant en forme d'angle rentrant ou de tenaille avec des flancs. Ou encore,
si l'on tient à occuper le point même du saillant,

on en viendra à bout au moyen d'une flèche ou
d'une lunette placée en avant d'un front bastionné (1).

(1) Quand il sera possible de publier des considérations sur la
guerre actuelle, divers exemples récents pourront donner lieu à
quelques observations relatives au sujet traité dans ce chapitre.
                              (*Note du Traducteur*).

CHAPITRE VII.

On a traité jusqu'ici de la création de défenses
et d'obstacles plutôt que des moyens de perfectionner les ressources que les circonstances peuvent fournir. Si l'étude de la première partie du
sujet est celle qui fait le mieux connaître les principes, c'est en pratiquant la seconde que l'ingénieur en campagne trouvera le plus souvent l'occasion de les appliquer. Et ce n'est pas pour lui
seulement qu'il en sera ainsi ; c'est bien lui, à la
vérité, qui sera chargé du tracé et de la construction de tout ouvrage régulier, mais tout officier
d'infanterie peut être chargé d'occuper un poste
avancé, un jardin, un village ou un groupe de

bâtiments, et peut échouer d'une manière déplo-
rable faute de savoir perfectionner et utiliser les
propriétés défensives de sa position.

Cette connaissance, jointe à un peu de promptitude, permettra à un officier commandant un
faible détachement de repousser avec peu de préparatifs une force de beaucoup supérieure, et de
conserver son poste à un moment où ce succès
est essentiel pour la victoire de l'armée dont il
fait partie. Ceci est vrai lors même que l'on n'est
pas sur la défensive. Le colonel Reid dit à ce sujet : « Dans le cours d'une attaque il y a fréquem-
» ment des positions qu'il est de la dernière im-
» portance de conserver dès qu'on s'en est emparé.
» Des villages ou des groupes de maisons, rapi-
» dement envahis et barricadés, peuvent devenir
» des points d'appui pour assurer le succès d'une
» attaque ou empêcher la défaite d'un corps qui
» aurait pris l'offensive. Et il est souvent essen-
» tiel que les troupes qui se sont emparées d'un
» village barricadé sachent rendre inutiles ou dé-
» truire ses travaux de défense. »

S'il s'agit de choisir les bâtiments à occuper
et à défendre, les principales conditions qui gui-
deront le choix seront la solidité des constructions,
une position dominante, la facilité d'avoir des

flanquements et des matériaux pour la défense et de rendre les approches difficiles tout en assurant la retraite aux défenseurs lorsque les circonstances peuvent faire prévoir une retraite ; ce sera enfin la contenance, qui doit être en rapport avec la garnison disponible. Il faut encore examiner si le poste est isolé ou attaquable de tous côtés, ou s'il forme une partie d'un système de défense, appuyé en arrière et sur ses flancs par d'autres ouvrages ou par les troupes qu'il protége. Dans ce dernier cas il faut s'attacher à fortifier le front exposé aux attaques et laisser les communications libres à la gorge.

On démolira toutes les clôtures qu'on ne voudra pas défendre, et généralement tout ce qui pourrait servir d'abri à l'ennemi ; on détruira les chaumes et tous les matériaux facilement combustibles.

On ne conservera de maisons isolées que si l'on a assez de monde pour y jeter quelques défenseurs, et si l'on a le temps de les relier au poste principal ; on les rasera dans tout autre cas. On percera de mètre en mètre des créneaux dans les murs, surtout dans les endroits qui flanquent les entrées et ceux qui sont le plus exposés à une attaque. On peut même avoir deux étages

de créneaux en perçant la première rangée près
du sol et plaçant les hommes chargés de leur service dans une tranchée creusée tout le long du
mur, puis établissant la seconde ligne à un peu
plus de 2 mètres au-dessus. On place alors les
hommes surdes planches portées par des barils,
des tréteaux ou des piliers en pierres sèches ou en
briques (pl. VI, fig. 95.) Ces créneaux sont creusés
à partir de l'intérieur, et vont en se rétrécissant
vers l'extérieur. Dans des murs épais ils seront difficiles à établir, et si l'on a le temps on pourra les
attaquer à la fois de dehors et de dedans. On fera
bien de pratiquer des fossés au pied d'un mur
crénelé. Si un mur de clôture n'a pas plus de
deux mètres de hauteur on obtiendra le rang supérieur de créneaux en entaillant le sommet du
mur en forme de meurtrières recouvertes de sacs
à terre ou de pièces de bois.

On barricade solidement les portes et les fenêtres du rez-de-chaussée, on ferme les fenêtres des
étages jusqu'à hauteur d'homme avec des briques,
du bois ou des sacs à terre, et à chaque étage on
conserve des créneaux.

On se ménage une libre circulation tout autour
du réduit au moyen de brèches faites à défaut de
portes dans les murs de refend. On prépare des

matériaux pour barricader les escaliers, et l'on
perce le plancher de l'étage afin de prolonger la
défense du rez-de-chaussée si la porte est forcée.
On a de l'eau à chaque étage pour éteindre les
incendies. A ce sujet on se rappelle ce que Vol-
taire raconte de la défense de Charles XII à Ben-
der, lorsque ce dernier, aidé de quelques soldats,
lança sur des pièces incendiées une barrique
pleine, qui se trouva contenir de l'eau-de-vie.

A l'extérieur tous les abords de la maison seront fermés par des barricades au moyen de tranchées et de parapets ou de palissades protégées
par des abattis, des chausses-trapes, etc. ; ou
seulement avec ces seules défenses accessoires
placées sous le feu du bâtiment et de ses annexes.
Des clôtures, des maisons isolées, permettent
ainsi de former et de défendre une ligne avancée
si l'on a assez de monde à y mettre. Il est bon
de placer des abattis ou des trous de loup en avant
des clôtures ainsi conservées pour que l'ennemi
ne puisse pas en tirer parti à son tour. On peut
employer les balcons existants à faire des machicoulis pour tirer de haut en bas sur les assaillants ;
s'il n'en existe pas, et qu'il reste du temps, on
en peut faire en bois au-dessus des portes et des
endroits les plus exposés à une attaque.

Si les bâtiments ne se flanquent pas par eux-mêmes, on peut y suppléer par de petits tambours en palissades que l'on peut placer devant les portes ou les fenêtres, et qui communiquent par là avec l'intérieur, et, s'il n'y a pas de baies toutes faites, on pratique tout exprès des trouées dans les murs. Aux angles des constructions ces tambours auront la forme d'un bastion ou d'un carré; au milieu d'un mur rectiligne, ils seront tracés comme un redan.

Un officier chargé de se maintenir dans une telle position devra d'abord faire faire par ses hommes les préparatifs indispensables, par exemple, abattre les arbres autour des bâtiments pour faire des abattis, réunir des voitures, des herses, et tout ce qui peut servir à créer des obstructions sur tous les points où c'est évidemment nécessaire. Il leur fera remplir des sacs à terre et réunir à l'intérieur des matériaux pour se barricader, et pendant ce temps il combinera tous les détails d'exécution.

La méthode sera la même pour défendre un village; on démolira les clôtures parallèles au contour du village, et on conservera celles qui lui sont perpendiculaires, afin de gêner les mouvements et les communications des assaillants. On

barricadera à l'extérieur tous les passages pouvant
donner accès à l'ennemi. Si la ligne à défendre
n'est formée que de maisons et de murailles, on
y pratique des créneaux, on les borde de fossés,
et on les renforce de toutes les manières. Dans le
cas contraire, on établit des parapets, des palissades, des barricades formées de barriques ou de
voitures remplies de terre, de pierres, de fumier,
d'instruments d'agriculture, etc. On abrite par
des fosssés, des chausses-trapes, des herses, etc.,
tant à l'intérieur qu'à l'extérieur, les murs qui
pourraient être escaladés. Dans un cas pareil, des
grilles en fer enlevées à des fenêtres et dont on
redresse les barreaux de deux en deux, forment
de bons auxiliaires, comme sir C. Smith le fit voir
à la défense intérieure de la brèche à Tarifa. On
s'assure une libre circulation autour de l'enceinte,
on coupe les communications extérieures, et on
les couvre par les feux croisés des bâtiments.

L'artillerie, si on en a, est placée de manière
à battre les avenues les plus accessibles. On démolit les couvertures en chaume aux alentours
du village, et on établit au moyen d'échafaudages
des banquettes de fusillade le long des murs extérieurs des maisons ainsi découvertes. Si l'on
veut pouvoir fusiller une colonne qui s'engagerait

dans une rue, on pratique des passages de maison en maison au travers des murs de refend. On profite des avantages que peuvent présenter les localités pour couvrir par une inondation une partie de l'enceinte. Enfin on a soin de bien fortifier les bâtiments importants qui peuvent occuper des points saillants sur l'enceinte.

Il faut aussi choisir quelques édifices comme réduits intérieurs, où l'on puisse facilement venir se renfermer, et qui battent bien tous les environs ; on les fortifie par les moyens déjà indiqués.

Le *Times* du 23 avril 1851 a publié une lettre d'un officier du génie qui donne un exemple curieux des préparatifs de défense d'un village sur les frontières de la Cafrerie : « ... Comme quelques-uns d'entre eux menaçaient de décamper si je ne me rendais pas dans le village, je dus quitter ma pauvre petite redoute et me fortifier avec mon détachement dans une maison vide que nous mîmes bientôt en état de défense, non sans effrayer le propriétaire, atterré de nous voir faire tomber le chaume de la toiture, maçonner les portes et les fenêtres, percer des créneaux dans les murs, etc., etc. Une fois l'exemple donné, il fut curieux de voir l'empressement avec lequel ceux qui étaient restés jusque-là les mains dans

les poches se mirent à démolir leurs maisons et
surtout celles de leurs voisins. A., B. et C., pro-
priétaires de différents établissements, se firent
réciproquement le plus de mal possible. Si je
voulais découvrir la maison de A., je m'adressais
à B. qui s'en chargeait dans l'intérêt public, tandis que C. offrait de mettre le feu, à la première
demande, aux étables de B., sans même s'inquiéter de savoir si c'était utile à la défense commune.
Les avis différaient beaucoup relativement au
choix de la maison qui devait devenir le réduit,
mais chacun s'accordait à penser qu'il fallait fortifier sa maison autant que possible, ce qui reve-
nait à peu près au même. »

Les exemples indiqués dans la planche VI indiquent comment les clôtures etc., peuvent être
rendues défensives. Les fig. 87, 88, 89, 90, 91,
montrent divers procédés. Les fig. 92 et 93 montrent des routes dont on a utilisé les haies. Les
fig. 94, 95, 96 présentent des murailles qu'on a
crénelées de différentes manières.

Le capitaine du génie Nelson résume ainsi dans
l'aide mémoire les différents moyens que l'on
puet employer pour se barricader : 1° les palissades; 2° les palanques d'arbres en grumes tirés
des esplanades, des avenues, des canaux, etc. ;

3° les palanques en bois équarris pris dans les chantiers de construction (ces deux systèmes garnis de créneaux percés à 8 pieds au moins au-dessus du sol extérieur) ; 4° les abattis avec ou sans parapet ou fossé derrière ; 5° les tambours en charpente en bois grossièrement équarri, barrant les routes, et fixés ou bien reliés aux murs ; 6° des barils, des paniers ou des sacs remplis de terre et disposés en épaulements avec fossés en avant (on doit éviter autant que possible d'y laisser des pierres) ; 7° des parapets en terre, revêtus en madriers retenus par des pieux ; 8° des charrettes et chariots serrés et amarrés ensemble ; 9° des grilles en fer descellées et transportées de toutes pièces ; 10° des chevaux de frise, mais sur quelques points seulement, surtout pour fermer les passages des principales barricades, et servir de grilles provisoires ; 11° des parapets en sacs à terre, avec fossés en avant et des créneaux au sommet (à employer dans quelques circonstances).

Le même officier donne aussi d'après des résultats d'expériences le tableau suivant des épaisseurs que les matériaux les plus communs doivent présenter pour résister à la mousqueterie :

Murs en brique,   1 épaisseur de brique.

Idem en granit

ou en calcaire,   6 pouces.

Idem en torchis,   9 pouces.

Sacs à terre,   10 pouces de terre (1).

Sapin blanc,   12 pouces.

Sapin rouge,   9 pouces.

Chêne de bonne qualité, 4 pouces.

Chêne recouvert d'une

    bande de $\frac{1}{8}$ de pouce

    en fer forgé,   2 pouces.

Tôle, $\frac{3}{8}$ de pouce.

Comme exemple d'une défense de poste on peut citer un projet proposé dans les Indes au camp de *Ramnuggur* en novembre 1848, bien qu'on n'ait pas eu occasion de l'exécuter. C'est une note accompagnant un croquis de la position défensive à occuper pour un dépôt près de *Ramnuggur* pendant une marche de l'armée au-delà de la rivière *Chenab*. (Pl. VI, fig. 97.)

L'armée devait laisser derrière elle des approvisionnements contenus dans 1,000 chariots sous la protection d'environ 2 bataillons et demi. La position qu'il est question d'occuper forme un quadrilatère irrégulier d'environ 260 yards de longueur sur 200 de largeur. Son front nord est

---

(1) Epaisseur beaucoup trop faible.   (*Note du Traducteur.*)

sur l'escarpement qui borde la plaine basse de la *Chenab*. La face sud est occupée par un long enclos où est logé le génie et que l'on croit être un ancien cantonnement des *Sikhs*. Au nord et au nord-ouest, les groupes de bâtiments B et C donnent de bons points de défense et de flanquement. Une rangée d'arbres et des ruines de masures en terre près d'un grand puits qu'il faut chercher à comprendre dans l'enceinte, limitent une partie du front occidental. Il faut défendre par l'industrie le reste du côté ouest et tout le côté de l'est.

On formera ou on appuiera les longues lignes au moyen de voitures ou de caisses remplies de matériaux non combustibles, en les renforçant, si on a des travailleurs, au moyen de quelques ouvrages en terre aux points ci-après désignés. Le trésor et les objets les plus précieux seront placés dans l'enclos fermé de murs A ; les chariots contenant les approvisionnements combustibles seront rangés en p, à l'extérieur et le long du côté nord de cet enclos. Les trois postes A, B, C, seront autant que possible fortifiés par les moyens que l'on va indiquer. Trois compagnies au moins occuperont A d'une manière permanente ; trois autres au moins seront partagées entre B et C ; le reste sera massé au centre pour se porter sur le point attaqué.

L'enclos A est fermé par un mur en briques crues d'environ 3 pieds 3 pouces d'épaisseur, et 13 pieds de hauteur, surmonté d'un parapet mince en briques d'environ 4 pieds de hauteur. Les petites tours des angles sont pleines, et par conséquent, leur sommet seul peut servir au flanquement. Les tours de la grille m sont creuses, mais très-étroites à l'intérieur. Il n'y a d'autre banquette que la retraite d'environ 1 pied 6 pouces que le parapet laisse libre sur le sommet du mur, fig. 98. On la remplace suffisamment sur les côtés du nord et de l'est par les toits des baraques et des magasins, et cette retraite sert à les relier ; mais il faut s'assurer la possibilité de se défendre par la mousqueterie vers le sud. On y arrive soit en perçant des créneaux dans le mur à environ 6 pieds au-dessus du sol et établissant une banquette d'environ 1 pied 9 pouces de hauteur, soit en plaçant le long des murs une ligne d'échafaudages avec quelques échelles. On forme ces échafaudages en enfonçant dans des trous placés à la base du parapet (Pl. VI, fig. 98) des solives de 6 pieds de longueur et espacées de 2 pieds en 2 pieds. Le poids du parapet et le soutien donné par la retraite

rendront ce travail assez solide, s'il est bien fait,
pour porter une plate-forme de perches amarrées
dessus. Les créneaux et la banquette demanderont
plus de travail à cause de l'épaisseur du mur;
l'échafaudage demandera plus de bois, qui est précieux pour d'autres usages, mais il sera plus facile.
Les perches ou chevrons proviendront des toits
de quelques-uns des bâtiments de l'enceinte, si
on ne peut les faire venir de la ville de *Ramnuggur*. Il est inutile de créneler le haut des tours,
et le mur ne permet pas de les agrandir; on propose seulement de baisser le parapet qui les couronne pour qu'on puisse faire feu par-dessus. On
percera des créneaux dans les cellules des tours
de la grille *m*.

Si on préfère la banquette et les créneaux, on
trouvera beaucoup de briques pour masser la
banquette dans les bâtiments en construction,
dans les démolitions du parapet des tours, et dans
des tas en dehors de l'enceinte.

B est un pavillon carré haut de 2 étages; l'é-
tage inférieur a 40 pieds de côté et le second 20
pieds seulement; les toits sont en terrasses. L'é-
tage inférieur a des arcades sur les faces, et il est
établi sur une terrasse qui a environ 64 pieds de
côté. Ce bâtiment est entouré à quelque distance

par un verger de citronniers, et quelques autres arbres (1). Il faudra y faire des éclaircies sinon tout abattre, et se ménager là ou ailleurs des abattis, en y ajoutant quelques arbres plus forts. On fermera les arcades jusqu'à une hauteur de parapet, et on établira un parapet sur la terrasse de l'étage inférieur. Le toit supérieur a déjà un parapet, mais il est très-bas. On prendra des briques pour ces travaux au bâtiment *e* qui ne fait pas partie de la position, et qui doit être démoli.

C est une petite tour d'environ 14 pieds de diamètre intérieur, avec quelques constructions adjacentes, et peut devenir, avec un peu de travail, une forte position. Le bord de l'escarpement sur lequel elle se trouve est déjà couronné par les restes d'un mur en terre et d'une haie de cactus, qui donneront facilement un épaulement solide. Mais il y a au dessous un taillis ou épais fourré, contenant des arbres de différentes dimensions. On les coupera, et on en fera un abattis au pied de l'escarpement. On fera des créneaux dans les bâtiments voisins de la tour, ou bien on les découvrira, et

(1) On enterra depuis, sous ces arbres, le colonel Cureton, le colonel William Havelock et le capitaine Fitz Gerald, qui furent tués dans la plaine avoisinante, le 22 novembre 1848.

on les rasera à la hauteur d'un parapet, et on percera aussi des créneaux dans la tour elle-même. Le puits situé à l'est sera compris dans les abattis. Le champ qui se trouve dans le terrain bas au-dessous du poste est entouré d'une clôture en terre d'environ 3 pieds de hauteur avec un fossé à l'extérieur ; on comblera cet obstacle, parce qu'il abriterait plus les assaillants que les défenseurs, et que ce terrain bas, d'un accès incommode, n'est pas propre à faire partie du poste.

On recoupera l'escarpement au nord entre B et C (Pl. VI, fig. 99), en rejetant les terres en haut, afin d'avoir un épaulement défensif et un talus trop élevé pour que l'ennemi puisse en profiter. On en fera de même pour la petite éminence f, à l'est de C, mais on l'occupera comme une sorte d'ouvrage extérieur en dehors de l'enceinte générale. Les arbres situés en h donneront un abattis à l'est de C, et on raidira la pente du sol en ce point. Du côté ouest on fera aussi un abattis avec les arbres existant en g, et en piochant un peu on transformera les murs en terre en épaulements, afin d'enclore le puits.

Les doubles lignes ponctuées du croquis indiquent sommairement la manière dont l'enceinte sera complétée au moyen des voitures, etc., du dépôt; et si on en a suffisamment, on les dispo-sera suivant les lignes ponctuées simples afin de flanquer le côté opposé de A. Et s'il en restait encore on couvrirait tout le côté sud de A par une ligne de voitures à 30 pieds du mur.

Le croquis donne un aperçu des dispositions intérieures. Si l'espace n'est pas suffisant pour le bétail, on conservera l'enclos au nord de C et on augmentera la hauteur de la clôture en creusant son fossé de manière à ce qu'il ne puisse servir d'épaulement aux assaillants, et en prenant des flanquements aux angles.

Si l'on peut avoir des travailleurs, on établira un petit parapet en terre *t* devant la grille d'en-trée de A.

Résumé du travail à faire par ordre d'impor-tance :

1° Réduire à hauteur de poitrine les parapets des tours d'angle et de la grille; 2° abattre les arbres au sud, à l'ouest et au nord de B et murer les arcades jusqu'à hauteur de poitrine en rasant le bâtiment *e*; 3° compléter le parapet au nord de C, créneler la tour et les maisons avoisinantes; 4° faire des abattis en *g* et *h*, changer les huttes en ruines *g* en épaulements et faire un retranche-ment pour couvrir le puits à côté de *g*; 5° rendre défensive la longue courtine de A, soit par un échafaudage engagé sous le parapet, soit par des créneaux et une banquette; 6° pratiquer des créneaux dans les caveaux des tours de la grille; 7° faire des parapets de hauteur convenable sur les toits en terrasse de B; 8° raser le fourré au-dessous de C et en faire un abattis au pied de l'escarpement; 9° raidir les talus entre B et C et raser la butte f; 10° établir un petit parapet devant la grille de A; 11° détruire la clôture du champ au-dessous de C, si on n'en a pas besoin pour le bétail.

CHAPITRE VIII.

Les points sur lesquels la construction de la fortification permanente diffère de celle des ouvrages de campagne sont surtout : 1° l'augmentation considérable des déblais; 2° l'allongement des *côtés extérieurs*; 3° l'introduction de la maçonnerie.

Nous avons déjà dit au chapitre II que la distance d'un flanc au saillant qu'il défend doit être notablement plus faible que la portée de son feu. C'est ce qui a lieu dans les exemples que nous avons donnés de tracés d'ouvrages de campagne, dont les côtés extérieurs ont moins de 200 mètres, de manière à tenir les saillants en deçà d'une petite portée de mousqueterie des flancs.

Mais dans les ouvrages permanents, avec des dépenses suffisantes et des combinaisons bien entendues, on a l'avantage d'obtenir un relief bien plus considérable, d'augmenter le commandement, et d'exclure les chances de succès d'une attaque par surprise ou de vive force, bien au-delà de ce que l'on peut attendre d'une fortification passagère.

On a fait voir au chapitre IV qu'avec le profil ordinaire d'un parapet, pour que chaque partie du fossé de la courtine d'un front bastionné puisse être vue et défendue par le flanc, il faut que la longueur de la courtine et la hauteur du flanc au-dessus du fond du fossé soient dans le rapport de 12 à 1. Ceci peut être légèrement modifié, attendu qu'il n'est pas indispensable pour la défense du fossé que les lignes de feu des flancs atteignent partout exactement le fond. Le fossé peut être considéré comme tout à fait battu lors même que les lignes menées de chaque flanc se rencontrent à 4 pieds (1), ou un peu moins au-dessus du sol;

(1) On préfère généralement réduire la hauteur de cet angle mort à 0ᵐ,50 au milieu   (*Note du Traducteur.*)

ce qui raccourcit d'environ 16 mètres la longueur minimum de la courtine.

Il en résulte qu'avec un côté extérieur de 200 mètres et des bastions tracés comme dans la figure 72 (pl. V), la longueur de la courtine ne serait que de 75 mètres, et le relief total de 6^{m}50 seulement, ce qui serait insuffisant pour un ouvrage permanent.

Il est par conséquent tout à fait indispensable d'augmenter la longueur du côté extérieur au-delà même de la bonne portée de la mousqueterie, en prenant comme limite de la ligne de défense la bonne portée de la mitraille et des fusils de rempart, soit 250 à 300 mètres, ce qui donne un côté extérieur de 350 à 400 mètres et un relief de 13 à 17 mètres.

On emploie la maçonnerie dans la fortification permanente pour revêtir les escarpes et les contrescarpes, et l'ingénieur peut alors tenir verticales, ou à peu près, ces parties de la fortification, en sorte que l'on ne peut entrer dans l'ouvrage avant de l'avoir ruiné, à moins de recourir au moyen hardi et peu sûr de l'escalade. Ces murs rendent donc les mêmes services que les murs élevés construits dans l'architecture civile comme obstacle aux malfaiteurs. Le mur d'escarpe n'ajoute rien à la force du rempart, c'est-à-dire à sa résistance aux batteries de brèche; au contraire, il n'est que plus susceptible d'être détruit, attendu que la maçonnerie brisée par les projectiles, et tombant par masses, entraîne avec elle les parapets en terre qu'elle soutenait. Il faut donc, autant que possible, abriter la maçonnerie des feux extérieurs.

Dans de tels ouvrages, à fossés larges et profonds, entourés de murs à peu près verticaux, on doit évidemment assurer la sortie de la forteresse à l'extérieur au moyen d'un certain nombre de communications étroites, de poternes, de ponts, d'escaliers, etc., pour que la garnison puisse au besoin faire des sorties. Par conséquent, s'il n'y a pas d'abri au-delà du fossé, on ne peut guère effectuer de sortie efficace, car les troupes qui la tenteraient auraient à défiler sous le feu de l'ennemi, et l'on ne pourrait même pas avoir une sentinelle en sûreté en avant du fossé.

Ce qu'on appelle le *glacis* permet à la fois de couvrir des vues extérieures la partie des maçonneries de l'escarpe qui est supérieure au terrain naturel, et de donner un abri en avant du fossé pour la libre circulation des troupes. Le glacis est un parapet de hauteur ordinaire, mais dont la plongée forme un talus allongé jusqu'à la rencontre du terrain naturel. Il est évident qu'il fournirait un abri tout prêt à l'assiégeant s'il se terminait à l'extérieur par un talus raide comme dans les parapets ordinaires.

Le *chemin couvert* est cette communication extérieure en dehors de la contrescarpe, dont le glacis forme le parapet. Non-seulement il protège la garde et les rassemblements de troupes pour les sorties, mais encore il donne un feu rapproché de mousqueterie sur les colonnes d'attaque.

On ne doit pas le tenir plus large qu'il n'est absolument nécessaire, afin qu'il ne puisse fournir un emplacement favorable aux batteries ennemies, mais de distance en distance on ménage des emplacements plus vastes pour les rassemblements des troupes destinées à faire les sorties ou à défendre les chemins couverts; ce sont les *places d'armes*.

On doit proportionner la largeur du fossé aux hauteurs relatives du rempart et du chemin couverts et du glacis en avant. Il faut généralement s'attacher à tenir le chemin couvert assez près du corp de place pour que les feux de celui-ci sur les pieds des glacis ne soient pas masqués par les défenseurs rangés sur les ban-

quettes du chemin couvert, et assez loin pour
qu'il puisse être bien vu et battu par le feu des
parapets. Il est utile d'exercer son attention et son
intelligence à remplir ces diverses conditions
avec la précision qu'on y met habituellement.
L'examen du plan d'un des systèmes ordinaires
fait voir que la largeur du fossé et du chemin
couvert, et par suite la distance de l'enceinte au
pied du glacis, varient quelquefois notablement
pour chaque demi-front d'un fort; il faut donc
aussi modifier convenablement le relief des ouvrages, afin de satisfaire exactement à toutes les
conditions que nous venons d'indiquer.

La fortification permanente est encore habituellement munie d'autres ouvrages auxiliaires que
le chemin couvert; ce sont des *ouvrages extérieurs* quand ils sont en dedans des glacis, et que
leurs fossés se relient directement à celui du
corps de place, et nous verrons en étudiant le
tracé d'un système les différents noms qu'on leur
donne; ce sont des *ouvrages avancés* quand ils
sont au delà des glacis, mais à portée de mousqueterie du corps de place ou des ouvrages extérieurs. Enfin les *ouvrages détachés* ont aussi pour
but de retarder les progrès de l'ennemi vers la

place, mais ils sont assez écartés pour ne pas être
défendus directement par son feu.

Il est de la plus grande importance que tous les
ouvrages auxiliaires aient une communication di-
recte avec le corps de place, afin que leurs défenseurs sentent qu'il peut leur venir facilement du
secours, et qu'ils peuvent se replier librement
vers l'intérieur quand ils auront défendu de leur
mieux ces ouvrages.

La difficulté d'assurer les communications au
travers des fossés pleins d'eau fait généralement
hésiter à les employer dans les endroits où on
peut les avoir à volonté secs ou pleins d'eau;
malgré l'embarras que l'eau cause à ceux qui
abordent une place bien établie. Et en réalité,
un fossé sec qui a déjà l'avantage de laisser une
circulation facile, est encore très-utile et très-sûr
pour la réunion de nombreuses troupes destinées
à servir de réserves ou à défendre les ouvrages
extérieurs (1).

(1) Pendant la défense de Corfou par les Vénitiens contre les
Turcs, en 1716, le maréchal Schulembourg paraît avoir placé une
grande partie de ses troupes de garde dans le grand fossé où elles
étaient probablement plus en sûreté qu'en dedans des murs. Les
systèmes de fortification de Carnot et de Coëhorn attachent beaucoup d'importance au maintien des troupes dans les fossés.

Quand le grand fossé est sec, on peut retrouver une partie des avantages d'un fossé plein d'eau, en creusant au fond une *cunette* ou petit fossé, pourvu qu'on puisse y faire arriver l'eau. C'est ce que les Français firent à Badajos, au pied de la contrescarpe; cela diminuait l'espace sur lequel on comptait pour masser et lancer en avant les colonnes d'assaut, et de plus bon nombre d'hommes tombèrent dans l'eau et s'y noyèrent.

Le revêtement en maçonnerie s'arrête généralement au pied du talus extérieur, c'est alors un *demi-revêtement*; c'est un revêtement ordinaire quand il n'y a plus de talus extérieur et que le mur s'élève jusqu'à la rencontre de la plongée. Quelquefois la partie supérieure du revêtement consiste en un mur d'environ 1^m50 de hauteur, avec une berme derrière, au bord de laquelle arrive le pied du parapet. Cette berme, ou sentier, est appelé en France *chemin de ronde* à cause de sa destination. Il conserve à peu près la même hauteur de revêtement contre l'escalade, et permet de mieux surveiller les fossés qu'on ne peut le faire d'une banquette placée derrière le parapet; de plus, la masse du parapet étant ainsi reportée en arrière, est moins exposée à être entraînée par la chute de la maçonnerie.

On n'a pas établi positivement l'époque de l'invention de l'artillerie ; mais son introduction au milieu des nations européennes remonte au commencement du XIV° siècle (1). Son emploi ne fut pas très-général jusqu'à la fin de ce siècle, et il fallut sans doute une centaine d'années pour qu'on se décidât à adopter les remparts en terre (2). Les tours qui recevaient l'artillerie de la défense étaient ordinairement rondes.

Le plus ancien écrivain dont on ait imprimé les œuvres sur ce sujet paraît être Francesco de Giorgio, architecte de Sienne en Italie, qui vécut de 1423 à 1506. Dans les projets qu'il indique dans son ouvrage (imprimé pour la première fois à Turin en 1841), il tire son flanquement de tours rondes placées aux saillants, et rattachées immédiatement à l'enceinte, ou reliées par de

(1) Casiri cite son emploi, par le roi de Grenade, à l'attaque de Baya, en 1312. En Italie, le docteur Gaye a trouvé des *canons de métal* mentionnés parmi les approvisionnements de guerre de Florence, le 11 février 1326.

Barbour cite des *crakis* de guerre employés en Ecosse par Edouard III, dans son expédition de 1327.

(2) Cependant les anciens employaient souvent les remparts en terre : Vegéce recommande un rempart formé de deux murs avec un intervalle de 20 pieds rempli de terre.

doubles murs ou des galeries (pl. V. fig. 84). Au lieu de ces tours ou en sus de ces tours, il emploie quelquefois des caponnières voûtées à l'épreuve, qui présentent bien la forme bastionnée, et qui sont en somme le véritable germe des ouvrages projetés à la fin du siècle dernier par Montalembert, et exécutés dans ces dernières années dans un grand nombre de forteresses d'Allemagne. On trouve dans ses dessins le glacis et le chemin couvert, une cunette dans le grand fossé, des galeries d'escarpe, des fausses-brayes couvrant les courtines, et un ravelin, auquel il donne le nom de *rivellino*. Son rempart consiste en un double mur avec contreforts, les intervalles étant remplis de terre.

A mesure que l'artillerie se perfectionna, il fallut améliorer les ressources de la défense, et ce fut l'objet des études de plusieurs des grands génies qui illustrèrent alors l'Europe méridionale. L'architecture militaire fut un des arts que possédait Léonard de Vinci (1452-1519), bien qu'il ne semble pas avoir laissé d'ouvrage sur cette matière. Machiavel traite de la fortification comme branche de son *art de la guerre* (1521), avec beaucoup d'intelligence et de jugement, bien qu'avec peu de détails. Albert Dürer publia en

1527 sur ce sujet un livre dont les considérations semblent avoir inspiré les projets de Montalembert et les travaux exécutés en Autriche dans ces dernières années.

Des bastions avec leur forme actuelle paraissent avoir été construits pour la première fois par Michael San Michele, illustre architecte et ingénieur italien, à Vérone, vers 1527, date inscrite sur un des bastions de la ville. Mais, ainsi que nous l'avons dit, le tracé est assez clairement indiqué dans l'ouvrage de Francesco, et le perfectionnement n'est pas tel qu'on puisse facilement lui assigner une date précise. La manière d'établir les fronts bastionnés fut amenée à un point assez avancé par les Italiens et les Espagnols pendant les cent années qui suivirent ; on en voit des preuves dans les Pays-Bas, (la citadelle d'Anvers, par exemple), et dans une partie des immenses travaux de Malte, dans les fronts de la cité Valette du côté de la terre, exécutés en 1568, avec des escarpes de 170 pieds, et dans les grands et solides bastions du faubourg Floriana, construits en 1635. Le nouveau système se propagea jusqu'à Leith en 1549, époque à laquelle ce port fut entouré de huit fronts bastionnés par un homonyme d'un illustre architecte militaire plus moderne, par André de Montalembert, chevalier d'Essé (1). Un quart de siècle plus tard, Berwick fut enfermé dans les remparts qui l'environnent encore (2).

Les Italiens furent longtemps les ingénieurs de presque toutes les armées de l'Europe. Gabriel Martinengo, de Brescia était l'ingénieur en chef des chevaliers de l'ordre de Saint-Jean dans leur héroïque défense de Rhodes en 1522. L'ingénieur qui fortifia Anvers pour le duc d'Albe, en 1568, était l'Italien Paciotto (3), et ce fut l'Italien Fré-

(1) Né dans le Poitou, en 1483, il se distingua dès sa jeunesse dans les guerres d'Italie. En 1543, il défendit, avec succès, pendant trois mois et demi, contre l'empereur Charles V, la ville de Landrecies, dont les fortifications étaient alors en tel état, *qu'on la disait*, dit Brantôme, *n'estre faicte que de boue et de crachats*. Dans une de ses sorties, la garnison prit une pièce de canon, qu'elle précipita dans le fossé. En 1549 il fut envoyé en Ecosse à la tête des troupes françaises qui allaient secourir Marie de Guise. A son retour, il fut reçu avec beaucoup d'honneurs et fut bientôt après chargé de défendre Thérouanne contre l'empereur. Il fut tué là sur la brèche par un soldat espagnol, en 1553.

(2) La figure 114 indique que les fortifications construites par d'Essé à Leith, suivant un plan de Leith et d'Edimbourg, gravé sur bois, en 1577, d'après une reconnaissance faite, en 1573, par les ingénieurs de la reine Elisabeth, pendant le siége du château d'Edimbourg. La figure 115 représente la fortification de Berwick, dont les bastions avaient des orillons carrés et des cavaliers.

(3) Dans *l'Histoire de la révolte des Pays-Bas*, de Schiller. On fit de plus grands bastions dans le siècle suivant; mais les travaux de Paciotto sont restés, comme cavaliers, en dedans de l'enceinte. Un des bastions porte encore son nom.

déric Gianibelli, de Mantoue, que la reine Elisabeth envoya aux bourgeois de cette même ville
d'Anvers pour les aider dans leur lutte contre le
duc de Parme, le succssseur du duc d'Albe, en 1585.
Il avait auparavant été employé en Angleterre à
diriger l'établissement d'une enceinte bastionnée
au château de Carisbrooke (4). Et jusque sur les
bords éloignés de la Tweed et de la Teviot,
en 1544, lorsque lord Hertford envahit l'Ecosse,
nous trouvons *nos vieux ennemis d'Angleterre.*
aidés par un ingénieur italien à battre en brèche
l'abbaye de Kelso, et à faire une redoute sur ses
ruines, dévastation que nos voisins attribuent
sans doute aujourd'hui à John Knox (5).

Machiavel dit que les Italiens entendaient peu
la fortification avant l'invasion du roi de France
Charles VIII en 1494, et attribue aux exemples
donnés par les Français les perfectionnements
obtenus à cette époque. Cette différence entre les
deux nations ne resta pas toujours la même. Les
ingénieurs français, qui furent plus tard les maî-

(4) Dans le siècle suivant, Pompeïo Romano conduisit, sous les
ordres de Spinola, les travaux d'attaque contre Ostende, en 1604,
et il fut plusieurs années après, en 1627, appelé par Richelieu, pour
être ingénieur en chef au siége de la Rochelle.

(5) Préface de la chronique de l'abbaye de Kelso, par Cosmo
Innes, Esquire.

tres en fortification, firent peu de progrès pendant le XVIe siècle, et à cette époque au contraire l'Italie se distingua dans la pratique de cette science, et de plus elle mit au jour de nombreux ouvrages qui s'y rapportaient (1). Les ouvrages les plus remarquables de cette période sont celui de Tartaglio (1546), qui décrivit le premier complétement un système bastionné; l'architecture militaire de Francesco di Marchi (1546), et un ouvrage publié à Venise en 1564, dans lequel on trouve mélangés des chapitres sur la fortification par Girolamo Maggi et par le capitaine Jacopo Castriotto.

La faiblesse des places fortes de France fut comprise par Sully, qui avait signalé son talent d'ingénieur en assiégeant plusieurs d'entre elles, et qui, à ses fonctions de premier ministre d'Etat et des finances, joignait celles de grand maître de l'artillerie, et de surintendant des fortifications. Il essaya d'y remédier en formant en 1604 un corps d'ingénieurs militaires instruits (comme il n'en fut créé en Angleterre qu'un siècle et demi plus tard, en 1757) et en encourageant leurs essais. Le premier auteur français fut Erard,

____

(1) Il avait paru environ trente ouvrages avant 1600.

de Bar-le-Duc, dont le travail fut publié en 1594, et après lui ce fut Deville sous le règne suivant en 1628, et Fabre en 1629. Chez tous le tracé des bastions est mauvais, les flancs étant perpendiculaires à la courtine, ou même aux faces (comme dans le tracé d'Erard), et placés en arrière de grosses tours placées aux épaules et nommées *orillons*, et qui absorbaient les deux tiers des flancs. Ce tracé étranglait les bastions et leur donnait la forme d'un as de pique. Le plus judicieux des écrivains français de cette première période est le comte de Pagan, dont le traité fut publié en 1645. Son tracé a une grande analogie avec celui de Vauban; mais ses bastions, dont le développement est assez vaste et dont les angles de défense sont droits, sont occupés à l'intérieur par trois étages de bouches à feu placés les uns derrière les autres sur les flancs.

Les meilleurs projets des écrivains que nous citons ne paraissent pas l'emporter sur ce qui avait été déjà exécuté ou proposé par les Italiens, et c'est surtout l'honneur d'avoir été les devanciers de *Vauban* qui leur donne droit à être cités.

Le système de fortification le plus ordinairement enseigné est le *premier système de Vauban*. Cet illustre guerrier ne l'a jamais décrit métho-

diquement comme un système, mais les ingénieurs qui l'ont suivi l'ont déduit de l'examen et
de la comparaison des nombreuses places qu'il
construisit ou remodifia, comme Lille, Strasbourg
et Givet.

Le contour extérieur de toute place est considéré comme un polygone. En réalité, ce polygone
est généralement irrégulier, puisque la configuration du sol amène des inégalités entre ses angles ou ses côtés; mais quand il ne s'agit que
d'étudier le système on suppose ce polygone régulier. Le côté du polygone est cette ligne à
laquelle nous avons déjà donné le nom technique
de *côté extérieur*. Nous avons vu que sa longueur
était déterminée par quelques conditions obligées; quel que soit par conséquent le nombre de
côtés du polygone formé par une place, la longueur de chaque côté extérieur est constante; et
par suite plus la place est grande, plus il doit y
avoir de ces côtés.

Sur chaque côté extérieur on établit un front
de fortification; et nous allons voir de quelle manière on y parvient en suivant le premier système
de Vauban.

Nous avons vu dans la fortification passagère
que la magistrale, c'est-à-dire la ligne servant à

fixer le tracé, était la crête du parapet. Dans la fortification permanente, c'est ordinairement la ligne qui représente la position du *cordon* ou tablette du revêtement de l'escarpe.

Soit A B C D (Pl. IX, fi . 1) une portion du polygone, un hexagone, par exemple, dont chaque côté a une longueur de 180 toises, abaissons sur les côtés les perpendiculaires Oa, Oa, Oa, prenons la perpendiculaire *ab* égale au $\frac{1}{6}$ du côté extérieur Bc, et joignons *b* aux angles du polygone. Sur ces nouvelles lignes prenons des longueurs C H, BE, etc., égales aux $\frac{2}{7}$ du côté extérieur; des points E et H comme centres, avec le rayon EH, décrivons des arcs de cercle coupant en G et F les lignes *Bb* et *Cb* ; si l'on joint EF, GH, FG, on obtient sur chaque côté du polygone un tracé bastionné dans lequel B E, CH sont *les faces* des bastions, EF, GH, *les flancs*; FG, *la courtine*, et BG et CF, *les lignes de défense.*

L'angle C ou B des bastions est *l'angle flanqué*; BEF ou CHG, *l'angle d'épaule*; EFG ou FGH *l'angle de courtine,* BC H ou C BE, *l'angle diminué*; E F C ou B G H, *l'angle de défense.*

G K est *la gorge* du bastion, et si l'on prolonge deux courtines jusqu'à leur rencontre au milieu du bastion, comme on le voit au bastion B, chaque prolongement forme *la demi-gorge* du bastion.

On appelle encore O a le *rayon droit* O B le *rayon oblique* (1), et le *côté intérieur* est formé par la courtine prolongée jusqu'à la rencontre des deux *rayons obliques*. Mais quelques-unes de ces désignations techniques n'ont que peu ou point d'utilité.

Nous avons dit que dans ce cas la perpendiculaire *ab* était égale au $\frac{1}{8}$ du côté extérieur. Il est évident que l'angle flanqué du bastion augmente à mesure que la perpendiculaire diminue, et qu'il diminue en même temps que le nombre de côtés du polygone. Il en résulterait que pour un polygone d'un petit nombre de côtés, de longues perpendiculaires rendraient très-aigus les saillants des bastions. Pour cette raison, dans le cas d'un carré, on donne à la perpendiculaire le $\frac{1}{8}$ seulement du côté extérieur (ce qui donne aux saillants une ouverture d'environ 60°); dans un pentagone, le $\frac{1}{7}$ du côté extérieur (les saillants ont alors 76° environ); dans les polygones d'un plus grand nombre de côtés, on

---

(1) On donne plus habituellement à ces lignes les noms de *capitale de la courtine* et *capitale du bastion*.   (*Note du Traducteur.*)

prend le $\frac{1}{6}$, et on a alors 83° au saillant dans un hexagone, 92° dans un heptagone, et 98° dans un octogone.

On remarquera que les angles de défense sont un peu aigus; à cet égard Vauban s'est un peu écarté de la construction de Pagan, pour se rapprocher des anciens tracés. Il paraît avoir eu pour but de permettre aux pièces des flancs les plus voisines de l'angle dépaule de mieux voir le saillant du bastion et l'emplacement probable de la brèche. D'autres ingénieurs ont depuis donné 90° à cet angle de défense.

Le fossé du corps de place a de 16 à 18 toises devant le bastion; la contrescarpe est donnée par des arcs de cercle décrits des saillants des bastions comme centres avec un rayon de cette longueur, et on achève de la déterminer en menant par les angles d'épaule des bastions collatéraux des tangentes à ces arcs.

L'ensemble du rempart et du parapet prend le nom d'*enceinte*, quand on veut les distinguer des ouvrages extérieurs.

La figure 2, pl. IX, indique l'enceinte et les ouvrages extérieurs d'un front de fortification.

Le grand ouvrage triangulaire A est appelé *ravelin* ou *demi-lune* (1). DF est le *chemin cou-*

vert, et E le *glacis;* B est *la tenaille* et C, *la caponnière.*

Voici le tracé de ces divers ouvrages : (Pl. IX, fig. 2).

Demi-lune. A partir de l'angle rentrant de la contrescarpe devant la courtine, prenez 50 toises sur la capitale vers l'extérieur; ce point sera le saillant de la demi-lune (2). Ses faces sont dirigées sur des points des faces des bastions pris à 5 toises des angles d'épaule.

Le fossé de la demi-lune a une largeur uniforme qui varie de 10 à 12 toises, avec un arrondissement au saillant comme pour celui du corps de place.

---

(1) Ce nom de *demi-lune* paraît avoir été appliqué d'abord à une *bonnette* ou un bastion détaché en avant pour couvrir les tours d'anciens forts, et qui avait une forme analogue à celle d'un chapeau à cornes, avec une gorge arrondie en forme de croissant. Mais il y a des exemples d'ouvrages demi-circulaires établis dans la position du *ravelin,* comme au château de Carisbrooke.

(2) Cette construction donne une demi-lune un peu plus grande que celle déduite par Noizet-Saint-Paul, des ouvrages construits par Vauban, et qui consiste à donner à la face de la demi-lune les $\frac{1}{7}$ du côté extérieur, comme à la face du bastion. Bousmard arrive à une demi-lune encore plus petite, car il met son saillant à la rencontre de la capitale avec un arc de cercle décrit de *l'angle de courtine* comme centre, avec un rayon égal à la distance de ce point à l'autre angle d'épaule. Mais son éditeur fait observer que cette méthode n'est applicable que si la face de la demi-lune est dirigée sur l'angle d'épaule, de manière à démasquer tout le feu du bastion, le flanc et l'épaule étant couverts par un orillon.

Chemin couvert et glacis. Le chemin couvert a 6 toises de largeur et règne tout autour de la contrescarpe, qui le limite vers l'intérieur. Du côté de l'extérieur, les crêtes se prolongeant droites jusqu'à leurs points de rencontre, tandis que la contrescarpe a des arrondissements, il reste dans l'intervalle de grands espaces que l'on appelle *les places d'armes saillantes.* On se ménage encore des places d'armes aux angles rentrants du chemin couvert de la manière suivante : à partir de l'angle *b* de la contrescarpe on prend deux longueurs *be, bc.* de 18 toises ; aux points *c* on élève des perpendiculaires *ca* jusqu'à la rencontre des crêtes du chemin couvert; de ces points *a* on mène deux lignes *a d* faisant un angle de 100° avec ces crêtes. L'espace ainsi limité forme *la place d'armes rentrante.*

Le bord extérieur du chemin couvert et de ses places d'armes, déterminé comme nous l'avons dit, forme la crête du glacis (E) qui sert de parapet au chemin couvert. Le talus du glacis a 25 toises de largeur.

Pour protéger le chemin couvert contre le feu d'enfilade, Vauban y plaça des traverses perpendiculaires à la direction de ses branches. Il en mit ordinairement deux sur chacune des branches qui entourent le bastion et trois sur celles qui entourent la demi-lune. Les lignes *a c*, *a c*, désignent les crêtes des traverses adjacentes aux places d'armes rentrantes. Les prolongements des faces des bastions et de la demi-lune jusqu'à la contrescarpe donnent les points où doivent aboutir les pieds des talus extérieurs des traverses adjacentes aux places d'armes saillantes. Dans les longues branches qui couvrent la demi-lune, la troisième traverse se place à égale distance des deux premières. Comme les traverses s'étendent sur toute la largeur du chemin couvert, il est nécessaire de ménager un passage autour de leurs extrémités au moyen d'entailles dans le glacis. Ces passages se nomment des *crochets* et sont ou *doubles* comme en *e*, ou *simples* comme en *f*. Ils ont neuf pieds de largeur.

La *tenaille* B a ses faces menées suivant les lignes de défense. Cet ouvrage a 6 toises d'épaisseur, et on laisse entre ses extrémités et les flancs des bastions des intervalles de 5 toises de largeur, que l'on appelle les *Trouées* de la tenaille.

La *caponnière* (C) consiste en deux parapets larges et disposés comme des glacis, et laissant entre eux un passage qui traverse le grand fossé.

Chaque talus a 12 toises de largeur, et la largeur du passage d'une crête à l'autre est de 3 à 4 toises. On laisse un espace libre de 9 pieds de largeur entre les talus de la caponnière et la gorge de la demi-lune.

La demi-lune sert à donner un feu énergique sur le saillant du bastion ; elle couvre en grande partie les flancs, la courtine et la tenaille d'un feu éloigné ; et elle constitue un ouvrage extérieur solide qu'il faut prendre avant de pouvoir donner l'assaut à la brèche faite au bastion ; ce qui oblige l'assiégeant à un plus grand développement de forces et de travaux. En même temps la saillie de la demi-lune procure des angles rentrants propres à l'établissement de places d'armes pour la défense du chemin couvert. On donne quelquefois de petits flancs à la demi-lune, afin de pouvoir diriger un feu plus direct sur la partie de la face du bastion qui est plus susceptible d'être entamée par la brèche. Mais cette disposition, employée dans le tracé de Vauban, expose l'angle d'épaule à être battu directement du glacis.

Dans beaucoup de vieilles forteresses d'Europe, et dans un très-grand nombre de places des Indes, on trouve une seconde ligne de parapets, appelée *fausse-braye*, qui entoure l'enceinte et lui est reliée. Elle est généralement placée dans le plan du terrain naturel et destinée à battre la contrescarpe. Cette disposition, qui divise en deux la hauteur de l'escarpe, est favorable à l'escalade, et les branches de la fausse-braye, se trouvant plus basses que la crête du glacis, sont très-exposées à être enfilées par les batteries que l'ennemi viendra y établir. De plus ses vues sur la campagne sont masquées par le glacis en avant. La fausse-braye a encore le défaut de rétrécir beaucoup les bastions. Il en résulte qu'elle a été rarement employée en Europe; mais la tenaille introduite par Vauban à Lille, en 1670, peut-être considérée comme une portion de fausse-braie. Elle est détachée de l'enceinte, en sorte que l'escarpe conserve toute sa hauteur, et les défenseurs de la tenaille ne sont pas exposés à être atteints ou gênés par les éclats et les décombres que le feu de l'ennemi fera tomber du haut de la courtine. Cette tenaille couvre en même temps plus des deux tiers de l'escarpe des flancs et de la courtine, et surtout les poternes, contre le feu des batteries de brèche établies sur le glacis ou dans la demi-lune. Elle donne aussi un bon feu de mousqueterie à petite distance sur l'inté-

rieur de la demi-lune. Enfin elle sert dans les
fossés secs à protéger le rassemblement des troupes qui doivent s'élancer sur l'ennemi quand il
descend dans le fossé, et elle donne un port couvert
pour les bateaux si les fossés sont pleins d'eau.
Comme la tenaille ne demande pour ainsi dire
pas de remblais, c'est tout un déblai de moins
que l'on a à faire. A Huningue, à Sarrelouis et
dans d'autres places, Vauban a construit cet ouvrage comme un petit front de fortification, dont
les flancs étaient parallèles à ceux du corps de
place.

La caponnière, comme nous l'avons tracée,
protége la communication de la demi-lune contre
les coups éloignés qui viennent enfiler le fossé;
mais comme elle devient inutile quand l'ennemi
est établi sur le glacis en avant des bastions, on
recommande souvent de la voûter à l'épreuve.
Une caponnière ainsi disposée, et crénelée ou
agrandie pour recevoir de l'artillerie, peut con-
tribuer grandement à la défense du fossé. Ce sont
de grandes caponnières de ce genre qui carac-
térisent particulièrement plusieurs forteresses
modernes d'Allemagne.

Vauban donnait ordinairement 5 pieds d'é-
paisseur au mur d'escarpe à la hauteur du terre-

plein du rempart ; au-dessus le mur de revêtement était vertical et n'avait que 3 pieds ; il
donnait aux murs des contrescarpes 3 pieds
3 pouces au sommet.

Dans ce système les revêtements ont un fruit
du $\frac{1}{5}$ de la hauteur du mur au-dessus du cordon.
Les escarpes sont en outre consolidées en arrière
par des *contreforts* verticaux espacés entre eux
de 15 à 18 pieds. Voici la règle qui sert à trouver leurs dimensions horizontales :

Pour un revêtement de 10 pieds de haut, le
contrefort a 4 pieds de long et 3 pieds d'épaisseur à la racine ; pour chaque surélévation de
5 pieds on allonge le contrefort d'un pied et on
l'élargit de 6 pouces. L'épaisseur du contrefort
à la queue, c'est-à-dire à la partie la plus éloignée du revêtement, est toujour s les $\frac{2}{3}$ de son
épaisseur à la racine.

La profondeur et la largeur des fondations des
murs de revêtement dépendent entièrement de la
nature du sol ; on peut les représenter pour chaque mur avec une profondeur de 3 pieds, et une
largeur d'un pied plus forte que celle du mur
au-dessus.

On peut employer aussi le revêtement ordinaire ou le demi-revêtement, mais Vauban pré-

férait généralement revêtir l'escarpe sur toute sa hauteur. Dans son *Traité de la défense des places,* il donne la préférence au revêtement modifié de manière à laisser un *chemin des rondes* entre le mur et le parapet.

Un *bastion plein* est celui dont tout l'espace est occupé par le terre-plein ; dans un *bastion vide,* le terre-plein est limité parallèlement aux crêtes, et l'espace intérieur reste à la hauteur du terrain naturel.

Tous les parapets, y compris les glacis, les traverses du chemin couvert, et la caponnière, sont munis de banquettes pour la fusillade, excepté à l'emplacement occupé par les bouches à feu sur le rempart.

Voici les largeurs en plan des différents talus d'un front, en négligeant les fractions au-dessous de 6 pouces :

La plongée et le talus intérieur ont constamment 18 pieds et 1 pied 6 pouces, excepté pour la tenaille dont la plongée n'a que 15 pieds. La largeur de 1 pied 6 pouces se réduit quelquefois à un pied.

La banquette a partout 5 pieds et son talus 6 pieds.

Corps de place	*Demi-lune*
Talus de rempart..... 17 pieds.	Talus de rempart..... 9 pieds.

Terre-plein (y compris la banquette et le talus intérieur	36 pieds.	Terre-plein (y compris la banquette et le talus intérieur — 30 pieds.
Talus extérieur du parapet (n'existe pas avec les revêtements complets).		Talus extér. (n'existe pas avec les revêtements complets.)
Fruit de l'escarpe (avec les revêtements complets).	7 pieds.	Fruit du mur de gorge — 3 p. 6 p.
Id. (avec les demi-revêtement)	5 p. 6 p.	Id. de l'escarpe — 5 p. 6 p.
Chemin couvert		*Tenaille*
Fruit de la contre-escarpe	3 p. 6 p.	Terre-plein — 33 pieds.
		Fruit du mur de gorge — 3 pieds.
Talus extérieur des traveses	5 pieds.	Id. de l'escarpe — 3 pieds.

Les rampes destinées à amener les troupes et les bouches à feu sur les terre-pleins se placent le long des flancs dans les bastions vides, et à la gorge des bastions pleins. Dans la demi-lune on les place près des saillants.

La longueur d'une rampe dépend évidemment de la hauteur à franchir, et de l'espace qu'on peut lui accorder sans inconvénient; elle varie de 6 fois à 10 fois la hauteur. Dans la place les rampes peuvent avoir 45 mètres de longueur et 4^m 50 de largeur; dans la demi-lune de 18 à 22 mètres de longueur et 3^m 60 de largeur. La fig. 3, pl. IX indique le tracé des rampes de la demi-lune.

On construit ordinairement des barbettes de 1 à 3 pièces aux saillants des bastions de et la demi-lune. Chaque pièce de place en barbette demande 6 mètres de longueur de crête et 8 mètres dans l'autre sens.

Communications. On établit sous le milieu de la courtine un tunnel ou passage voûté appelé poterne, pour communiquer du corps de place dans le fossé. Si c'est un fossé sec, la poterne aboutit à 6 pieds au-dessus du fond et on complète la descente au moyen d'une rampe mobile en charpente. Une voûte pareille, passant sous le milieu de la tenaille, communique avec la caponnière.

Des escaliers conduisent du fossé à la tenaille, à la demi-lune et aux places d'armes rentrantes; leur longueur varie dans chaque cas, suivant la hauteur à franchir. Si chaque marche a 8 pouces de hauteur, il en faudra trente pour une hauteur de 20 pieds. La largeur des escaliers est de 6 pieds et la première marche forme un palier de 6 pieds de largeur. Les autres marches ayant un giron d'un pied, excepté la marche supérieure qui est de niveau avec le sommet du mur, la longueur totale de l'escalier sera de 28 pieds. La fig. 4, pl. IX indique le tracé d'un escalier à la place d'armes rentrante. On place aussi souvent des escaliers à la place d'armes saillante, comme

dans la fig. 5, pl. IX; mais il ne faut pas les re-
commander, parce que les défenseurs doivent se
replier de traverse en traverse jusqu'à la place
d'armes rentrante et seulement de là dans le fossé.

Il faut préférer les rampes aux escaliers quand
on a suffisamment de place, parce que les escaliers peuvent être trop dégradés par les bombes.

On pratique dans le glacis des passages ou
sorties, pour pouvoir porter en avant les troupes
placées dans les places d'armes rentrantes. On
les courbe pour qu'ils ne soient pas enfilés par
l'ennemi.

On garnit de fortes palissades tout le développement des banquettes du chemin couvert et des
traverses. Des barrières ferment les sorties du
chemin couvert, et les passages autour des traverses.

En outre de ces communications avec les ouvrages extérieurs, on doit laisser un accès dans
la place au roulage civil et aux grandes routes
du pays. On choisit généralement pour ces entrées les fronts les moins exposés à une attaque.
La route arrive au chemin couvert en suivant un
tracé sinueux coupé dans le glacis, passe sur un
pont le fossé de la demi-lune, et traverse son
parapet sous une voûte; un second pont la con-

duit à la tenaille qu'elle traverse et un troisième pont amène à l'escarpe du corps de place. Là une seconde voûte l'introduit dans la place en passant sous le milieu du rempart de la courtine.

Il y a dans ce qui précède assez de données pour l'établissement d'un plan détaillé du système. On aura ainsi toutes les dimensions horizontales. Pour construire un profil suivant une direction donnée, on prendra les dimensions horizontales suivant cette ligne, et le tableau suivant donnera tous les renseignements nécessaires pour trouver les dimensions verticales.

Relief total de l'enceinte, 43 pieds, dont 25 au-dessus de la surface du sol, et 18 au-dessous.

Hauteurs au-dessus de la surface du sol.

Crête du parapet du corps de place — 25 pieds.

Cordon de l'escarpe du corps de place
- avec un revétement complet — 17 p. 6 p.
- avec un $\frac{1}{2}$ revétement complet — 10 pieds.

Crête du parapet de la tenaille...................... 5 pieds.
Id. — de la demi-lune.................. 17 pieds.
Id. du glacis................................... 8 pieds.
Id. des traverses du chemin couvert.... .... 7 p. 6 p.

La crête da la caponnière est à 9 pieds au-dessus du fond du fossé.

On peut donner une pente transversale de

6 pouces pour l'écoulement des eaux, aux terre-
pleins du corps de place, de la tenaille et de la
demi-lune et au chemin couvert; et relever pour
la même raison de 2 pieds 6 pouces l'intérieur
de la demi-lune vers le saillant.

Il faut bien remarquer que l'on assigne souvent à ce système des profils très-différents. Celui
que nous donnons ici est celui qui est enseigné
à l'Académie Royale militaire. On donne quelquefois à ce système un commandement qui semble trop se rapprocher du caractère *rasant* particulier à l'école française moderne. La faible
élévation de ces ouvrages au-dessus de la campagne s'accorde peu avec l'idée que nous nous fai-
sons dans ce pays d'une grande forteresse. Il y en
a si peu en Angleterre que probablement peu
d'élèves ont vu un parapet et un rempart en terre.
Voici une description animée de l'impression
produite sur Walter Scott par sa première visite
aux grandes places des Pays-Bas. « Vous savez
que je suis habitué à rencontrer dans la *Gazette*
les termes de la fortification moderne; et à vous
en entendre parler à propos de vos études militaires. Je dois avouer que les bastions, les rave-
lins, les demi-lunes, les courtines et les palissades résonnaient dans mes oreilles d'une façon

tout aussi poétique que les donjons, les barbaca-
nes, les herses et les autres termes de l'ancien
art militaire. Mais je ne pense plus qu'ils puissent
désormais m'inspirer autant de respect. Vous
voyagez dans votre cabriolet au milieu d'un pays
aussi uni que la surface d'un lac, suivant une
chaussée pavée, élevée comme en vue d'une
inondation, sur un remblai bien plus haut que le
pays découvert qu'elle traverse. A la fin vous
découvrez le faîte d'un ou deux tristes clochers,
qui, au lieu de s'élancer fièrement d'un groupe
de maisons, se contentent de laisser paraître leurs
timides flèches par dessus le glacis qui les entoure, comme s'ils appartenaient à une ville souterraine ou s'ils indiquaient l'emplacement d'une
ville rasée. A dire vrai, les maisons de la ville,
enfoncées à une grande profondeur au-dessous
du talus des remparts qui les abritent, sont tout à
fait cachées ; et les fortifications elles-mêmes
n'offrent à un observateur inexpérimenté que de
grandes pentes de terre découpées suivant des
formes et des contours bizarres, et soigneusement
recouvertes de gazon. Cependant la disposition
de ces clôtures si simples, tant pour leur commandement réciproque que pour leur action sur
le terrain environnant, a été considérée, à juste

titre, comme un chef-d'œuvre de science militaire. En approchant davantage, celui même qui cherche le pittoresque éprouve une certaine satisfaction, surtout à l'entrée de la ville. Là, tournant brusquement dans une avenue étroite et profonde, et passant au milieu de ces remblais qui lui semblaient tout à l'heure si pacifiques et sans conséquence, il se trouve encore arrêté par des ponts-levis et des fossés, tandis que les canons des batteries environnantes semblent prêts à balayer le chemin qu'il parcourt. En continuant encore, il roule sur des ponts-levis dont les tabliers résonnent sous les pieds de ses chevaux et sous des voûtes qui répètent le claquement continuel du fouet de son cocher. » — *Lettres de Paul.*

CHAPJTRE IX

ATTAQUE D'UNE PLACE

Avant de décrire les perfectionnements que les modernes ont apportés au système de Vauban, il faut développer sommairement la méthode à suivre pour l'attaque d'une place, afin de mieux faire voir les améliorations dont la défense a besoin.

Le premier devoir de l'assiégeant est *d'investir* la forteresse, c'est-à-dire de l'environner de troupes qui empêchent la garnison de communiquer avec l'extérieur et la privent de tout secours de monde, de vivres ou de munitions. Le corps d'investissement fortifiera ses positions par des ouvrages de campagne, comme dans toute autre

occasion, suivant les instructions du général en
chef. Si la puissance ennemie tient en campagne
une armée assez forte pour inquiéter l'investissement, il sera nécessaire de consacrer un corps
d'armée, appelé *armée d'observation,* à la surveiller et la tenir en échec.

On n'entretient pas constamment dans les
places, même en temps de guerre, une garnison
aussi nombreuse que celle qui est nécessaire pendant un siége, attendu qu'il est essentiel de
profiter des troupes pour tenir la campagne jusqu'à ce qu'une attaque soit imminente. Il arrive
aussi que de fortes places, où l'on a réuni les approvisionnements de vivres et de munitions d'une
armée, se trouvent, à un moment donné de la
campagne, dégarnies de presque toutes ces réserves. Il s'ensuit qu'il est quelquefois fort important de tenter l'investissement par surprise.
C'est ainsi qu'en 1709, Tournai, l'une des plus
fortes places de l'Europe, entourée de fortifications en bon état, et pleine de munitions, fut
investie par les manœuvres habiles de Marlborough et du prince Eugène, et le siége entrepris,
tandis qu'elle ne contenait pas la moitié de la
garnison nécessaire pour sa défense, et que la
moitié des officiers manquaient encore. Cette

faible garnison était même encore mal approvi-
sionnée.

Il faut cependant, tout en opérant avec rapidité l'investissement, employer assez de monde
pour s'assurer l'avantage en cas d'une rencontre avec la garnison. Lorsque lord Wellington
vint reconnaître Badajoz en 1811, son escorte,
composée d'un corps considérable de troupes
légères et d'un peu de cavalerie, franchit à gué
la Guadiana, et arriva inopinément devant la
ville. En ce moment les sapeurs de la garnison,
avec les chariots et les voitures, et escortés par
deux ou trois bataillons, coupaient du bois à deux
lieues de la ville, et il leur eût été impossible de
rentrer dans Badajoz, si on eût eu connaissance
de cette circonstance. Or il arriva qu'ils parvin-
rent si près de la place avant qu'on ne fût prêt à
les attaquer que, la garnison put envoyer des
renforts au convoi et l'aider à se faire jour au
travers de l'armée anglaise qui perdit beaucoup
de monde.

Les avantages de la garnison dans la lutte qui
va s'ouvrir sont à différents degrés ceux que
nous avons indiqués au chapitre Ier, comme spéciaux à la fortification. Les avantages de l'assiégeant consistent dans leur nombre plus considé-

rable et leur position sur la circonférence d'un cercle dont les assiégés occupent le centre, ce qui permet de choisir et de multiplier les points d'attaque, de concentrer son feu et d'être à même d'enfiler les ouvrages de la place.

Si l'assiégeant, se fiant à sa supériorité numérique, s'avançait tout d'un coup et tentait une attaque de vive force, il laisserait à la défense le bénéfice de sa position en exposant ses hommes sans aucun abri au feu de troupes garanties par des parapets. Car il faut se rappeler la difficulté qu'on rencontre à franchir de hautes murailles tant pour descendre que pour remonter, ou à établir des batteries de brèche sur des points que la prévoyance de l'ingénieur a complétement couverts par l'artillerie tout autour de la place.

Si, comme cela s'est présenté souvent, la fortification a été établie avec peu d'habileté, il en faudra moins aussi pour l'attaque. S'il n'y a pas d'ouvrages extérieurs, si le flanquement est éloigné et incomplet, les contrescarpes faibles ou nulles, et l'escarpe découverte jusqu'au pied, il pourra suffire d'établir une batterie hors de la portée de la mousqueterie de la place, de faire une brèche et de donner l'assaut. Mais l'assiégeant ne devra plus agir de même s'il a devant lui, comme nous le supposerons, une fortification bien entendue.

Plaçant soigneusement ses batteries de manière à enfiler les ouvrages qui ont des vues sur ses attaques, ou à écraser d'un feu supérieur ceux qu'il ne peut enfiler, il consacrera les hommes disponibles que son effectif considérable lui permet d'employer à établir des parapets pour couvrir les batteries, la garde, et les communications en arrière. Dès que ses batteries auront produit leur effet sur la défense, il portera ses travailleurs en avant, se fera de nouveaux abris, et construira s'il le faut de nouvelles batteries pour agir sur celles que les premières ne pourraient atteindre. En même temps son artillerie continuera à jouer sur les ouvrages de la place pour les empêcher de tirer davantage. Quand il arrivera à portée de la mousqueterie du chemin couvert, il emploiera la sape pour continuer ses approches. Il dirigera naturellement ses attaques sur les capitales des saillants, où il n'a pas à craindre de feu de face, et il poussera la tranchée en zigzags, se couvrant de son parapet alternativement sur sa droite et sur sa gauche. Il ne s'exposera jamais à être enfilé par l'ouvrage extérieur le plus avancé, et il aura soin de ménager de nouveaux abris pour les

troupes de garde dès que les attaques seront assez
avancées pour n'être plus à portée du secours de
la garde dans ses premières positions. En approchant du pied du glacis, il inquiétera le chemin
couvert par ses projectiles creux, puis cheminera
à la sape sur les saillants, élevant, s'il le faut,
des massifs élevés garnis de parapets, d'où ses
tirailleurs délogeront les défenseurs qui pourraient encore garnir les places d'armes saillantes
ou les traverses. Etant ainsi parvenu à la crête
du glacis, il prolongera ses cheminements à
droite et à gauche en contournant la crête, et couronnera ainsi d'une bonne communication tout
le développement du chemin couvert sur le front
qu'il attaque. De là il découvrira les escarpes et
il établira des batteries pour les battre en brèche
et pour démolir les flancs qui peuvent encore
contrarier sa marche sur les bastions. Pendant
que ceci s'opère, il fait une descente de fossé soit
en renversant la contrescarpe par la mine, soit
en creusant une galerie. Dès que la brèche est
praticable, on fait une sape à travers le fossé et
sur le talus de la brèche; si c'est à un ouvrage
extérieur, on fait un logement sur le parapet;
si c'est au corps de place, et que l'on ait ainsi
accès à l'intérieur, on donne l'assaut quand la

garnison ne capitule pas, et du succès de cet assaut dépend la prise de la ville.

Avant d'entrer dans les détails de la méthode d'attaque moderne, il peut être intéressant de faire une courte esquisse des phases qu'elle a subies.

La manière classique de faire un siége au moyen de grandes tours en bois, employées comme cavaliers mobiles, se continua dans le moyen âge, où l'on trouve souvent ces machines embarrassantes désignées sous le nom de *beffrois,* et *chats-chateils.* On appuyait leurs approches par une artillerie de machines qu'on peut être porté à mépriser, mais qui avait cependant assez de puissance et de précision pour faire des brè‑ ches praticables (1). Ce résultat s'obtenait aussi, comme par le passé, en creusant sous les mu‑ railles des excavations étayées par des bois secs auxquels on mettait ensuite le feu à volonté.

(1) Les Croisés, au siége de Saint-Jean-d'Acre, firent brèche avec des machines lançant des pierres. A ce siége, une pierre seule, lancée par un mangonneau du roi Richard, suffit pour tuer douze hommes de la garnison. Dans un des siéges des Anglais en Ecosse, les assiégeants lancèrent avec leurs machines, dans la ville, des carcasses de chevaux morts. Froissart raconte qu'au siége d'Aube‑ roche, les Français ayant saisi un messager anglais, lui attachè‑ rent ses dépêches autour du cou, le mirent dans une de leurs ma‑ chines et le lancèrent dans la forteresse.

L'emploi du canon dut bientôt faire abandonner l'attaque par les tours mobiles en bois (1), mais le vieux procédé des mines fut employé plus de cent cinquante ans après l'introduction de la poudre. Un ingénieur génois chargea pour la première fois des mines avec de la poudre au siége de Sarzanella, en 1487, et cette tentative échoua. Pierre de Navarre, un des premiers ingénieurs célèbres de l'époque moderne, avait été témoin de cet essai, et le renouvela plusieurs fois pendant qu'il était au service de l'Espagne. En 1503, enfin, ses efforts furent complétement couronnés de succès par la prise du château de l'OEuf, à Naples, forteresse dont Froissart avait dit, un siècle auparavant, qu'il était impossible de la prendre autrement que par la sorcellerie et avec l'aide du diable.

L'attaque des places, au seizième siècle et an commencement du dix-septième, consistait généralement en deux approches mal couvertes, quelquefois au moyen d'un mauvais tracé en zigzags, plus souvent au moyen de nombreuses redoutes, avec des places d'armes parallèles

---

(1) Cependant, en 1453, les Turcs employèrent ercore pour la prise de Constantinople les anciennes tours et les béliers, concurremment avec l'artillerie de siége.

au front d'attaque et dont les parapets étaient
tenus assez hauts pour couvrir la tranchée qui
arrivait droit derrière, ou encore avec des traverses placées d'équerre sur la tranchée. Quelquefois les approches se composaient de deux
branches défilées, partant de deux points éloignés de la ligne d'investissement et se croisant
près du glacis. Dans chaque cas les approches
étaient réunies près de la contrescarpe par une
parallèle ou logement couronnant la crête du
glacis. La batterie principale se construisait en
même temps que le commencement des approches et entre elles deux, (pl. VII, fig. 101); on
en ajoutait quelquefois une à chaque extrémité.
Ces batteries tiraient indifféremment sur la ville
et sur la fortification et étaient placées au centre
de redoutes ou de petits ouvrages solidement défendus (pl. VII, fig. 100). Au commencement de
la période dont nous parlons, les batteries étaient
fort élevées, afin de commander les remparts que
l'on attaquait. Dans les longues guerres des
Pays-Bas, de 1568 à 1648, époque pendant laquelle chaque forteresse de la frontière hollandaise fut plusieurs fois prise et reprise, on avait
acquis beaucoup d'expérience pour l'attaque et

beaucoup perfectionné les détails d'exécution. Ceux qui se distinguèrent le plus, furent les deux grands militaires de la maison de Nassau, Maurice et son frère Frédéric-Henri, ainsi que leur illustre adversaire, Ambroise Spinola. De tous les coins de l'Europe, des aventuriers accouraient vers cette école de la guerre. Entre autres compagnons du prince Maurice, on trouve sir Francis Vere, dont le talent et l'énergie dans la défense d'Ostende et d'autres places lui assurent une place parmi le petit nombre des célèbres ingénieurs anglais, et parmi les grands capitaines.

A mesure que les approches se rapprochaient de la place, on *blindait* les sapes, c'est-à-dire qu'on les recouvrait de pièces de bois à l'épreuve de la mousqueterie, on les abritait par des châssis en bois appelés *chandeliers*, assez rapprochés les uns des autres, remplis de fascines, et placés transversalement par-dessus la tranchée ou en crémaillère les uns en avant des autres (pl. VII, fig. 100). Mais dès 1629 à l'attaque de Bois-le-Duc, le prince Frédéric-Henri substitua à ces masques les véritables sapes doubles avec des traverses, comme on les fait encore dans les écoles (1). Sur la crête du glacis nous trouvons des contre-batteries dirigées contre les flancs, en même temps que des batteries de brèche. On terminait cependant généralement les brèches par la mine. La descente et le passage de fossé s'opéraient à très-peu près comme maintenant; mais le passage de fossé était blindé comme la descente (2). Les travaux de l'attaque propre-

---

(1) Voici une description curieuses des sapes et des mines exécutées dans les Indes dès le xvi° siècle : « En 1567, Akbor, ayant investi Chittour, employa cinq mille ouvriers de tout genre à faire
» le siége. Les approches se firent au moyen de *sabats*, genre
» d'abri pour les assiégeants, qui est *particulier aux Indiens;* ces
» *sabats* étaient établis de la manière suivante : Les zigzags, com
» mençant à portée du canon du fort, se composaient d'un double
» mur, et au moyen de blindes ou de gabions farcis, recouverts de
» cuir, les assiégeants continuaient leurs approches jusques près
» des murs de la place. Les mineurs creusaient alors leurs puits, et
» poussaient leurs galeries souterraines pour établir leurs mines,
» où ils plaçaient la poudre et faisaient sauter les remparts. Les
» colonnes s'élançaient alors des *sabats* ou galeries supérieures, et
» donnaient l'assaut. Dans la circonstance actuelle, après avoir
» exécuté deux sabats ou galeries supérieures, on creusa deux mi
» nes sous des points différents des bastions, et on les fit jouer en
» même temps. » — « En 1596, au siége d'Ahmednuggur, on voit
» encore les assiégeants ouvrir la tranchée et faire leurs approches
» en élevant des cavaliers, établissant des batteries, et creusant
» des mines; ils furent vigoureusement combattus par les contre-
» mines de la défense. » *Histoire de l'Hindoustan,* par Ferishta, traduit par Brigg.

(2) Ces galeries et autres auvrages semblables étaient exécutés à l'entreprise par les ingénieurs, qui couraient tous les risques du tort que pouvait leur causer l'ennemi, et payaient une somme

ment dite étaient peu de chose à côté des lignes auxiliaires de circonvallation, pour lesquelles on prenait beaucoup de peine. Celles du prince d'Orange étaient fraisées et palissadées, elles avaient un grand relief et un double fossé. Il les flanquait de distance en distance, non par de simples redans, mais par des forts bastionnés, des ouvrages à cornes et des couronnes (1). Il faisait travailler les paysans à une partie de ces ouvrages. Dès le premier investissement on les plaçait en grand nombre à creuser un fossé grossièrement tracé autour de la place, en et même temps les ingénieurs traçaient à l'intérieur les détails plus étudiés de leur circonvallation.

convenue pour chaque jour de retard au-delà de l'époque fixée pour le complet achèvement du travail, tandis qu'ils recevaient une gratification pour chaque jour gagné sur ce même délai. « Cette » même nuit les Ecossais entreprirent leur travail sous la direction » d'un nommé James Lecky, qui devait recevoir 30,000 gilders pour » l'achèvement de l'ouvrage. » *Lightgow, récit du dernier siége de Breda, 1637*

(1) Les doubles lignes de Frédéric-Henri, autour de Breda (en 1637), avaient chacune au-delà de 18 milles de développement. D'où il résultait, dit Lightgow, que Breda se trouvait au centre, comme un arbre de mai au milieu d'une place, ou un voleur, condamné à mort, au milieu d'une salle publique. La ligne de circonvallation de Spinola autour de la même ville (en 1625) avait 52 milles de parapet, et la contrevallation, qui avait 16 milles, était flanquée par 96 redoutes, 37 forts et 45 batteries. A Bois-le-Duc, l'ensemble des travaux de Frédéric-Henri, atteignait près de 70 milles.

Les Turcs, qui avaient, comme les autres nations demi-barbares de l'Orient, un talent instinctif pour les retranchements, et de nombreuses armées pour les exécuter, avaient depuis longtemps l'habitude de faire des zigzags pour leurs approches, et traçaient des tranchées parallèles à la place, comme places d'armes, pour le soutien de leurs attaques, qui atteignaient quelquefois un développement énorme, comme devant Candie en 1669 et au mémorable siége de Vienne de 1683.

Vauban puisa probablement dans l'histoire de ce siége de Candie, dont il devait connaître tous les détails, puisque des détachements français avaient aidé la garnison, l'idée des vastes parallèles qu'il enploya avec tant de succès devant Maëstricht, en 1673 (1). Il continua à

(1) Le célèbre Blaise de Montluc introduisit, en 1558, au siége de Thionville, de petits retours parallèles à la place, comme ceux de la figure 102, mais bien plus rapprochés. (Daniel, *Histoire de la milice française.*) Mais on rencontre aussi de grandes parallèles avant le siége de Maëstricht. Ainsi sur le plan de l'attaque du château d'Edimbourg, par Kirkaldy de Grange en 1573, les batteries sont établies dans une première parallèle entourant la place; et on y trouve clairement l'indication d'une seconde parallèle plus rapprochée, d'où la mousqueterie tirait sur la place. Mais on n'appréciait pas bien l'importance de ces parallèles; elles ne faisaient pas partie du système normal d'attaque, et on les négligeait le plus

les perfectionner et à régulariser leurs emplois en les combinant avec les cheminements en zigzags sur les capitales, avec les feux verticaux, avec les cavaliers de tranchée destinés à repousser les défenseurs du chemin couvert (qu'il employa pour la première fois devant Luxembourg en 1684), et enfin avec le ricochet (4), qu'il introduisit à Philipsbourg en 1688, et compléta à Ath en 1696, ce qui couronna son système d'attaque (5).

souvent. On se donnait au contraire beaucoup de mal pour garantir les batteries elles-mêmes contre les sorties, auxquelles elles étaient bien plus exposées par suite de ce défaut de protection sur leurs ailes. Louis XIV lui-même, qui était présent au siége de Maëstricht, parle des parallèles de Vauban comme d'un travail tous à fait nouveau. (*Mémoires de Louis XIV*, cités par le colonel Allent, dans l'*Histoire de corps du Génie*, p. 108.)

(1) Le tir à ricochet est mentionné en ces termes à propos du siége de Turin en 1706, époque à laquelle il était encore peu connu : « L'ennemi établit une batterie tirant au ras du sol. Elle se composait de 12 pièces de gros calibre dont le feu produisit un effet » terrible sur la place d'armes de la porte de Suse et sur le chemin » couvert de la citadelle. Ces pièces étaient tellement faites, qu'avec » peu de poudre, leurs projectiles arrivaient jusqu'à nos ouvrages, » et, après y être tombés, faisaient un grand nombre de bonds avec » si peu de bruit qu'il était difficile de les éviter. (*Histoire militaire d'Eugène et de Marlborough*.)

(2) La planche VII donne les exemples des diverses remarques ci-dessus. La fig, 100 représente l'attaque de Groningne par le prince Maurice, en 1594. La fig. 101, celle de Grolle ou Grocolo, par son frère Frédéric-Henri, avec ses alliés français et anglais, en 1627 ;

On a fait dans des siéges subséquents un plus
grand usage des feux verticaux, mais on n'a pas
modifié d'une manière essentielle la méthode
d'attaque de Vauban; et on n'a même pas revu
depuis de siéges conduits avec autant de rapidité
et de succès constant que ceux de ce grand
maître. On n'a pas adopté de suite l'habitude
d'enfiler les places par le tir à ricochet. Dans les
siéges des campagnes de Marlborough, le mode
principal d'éteindre le feu d'une place consistait
à amener de nombreuses pièces d'artillerie, bat-
tant directement les remparts. Montalembert fait
remarquer dans la préface à sa fortification per--
pendiculaire, qu'au siége de Berg-op-zoom, en
1741, aucune batterie ne fut établie suivant les
règles de Vauban, et il explique par là la longue
durée de la résistance de la ville, qui fut de
62 jours. L'artillerie anglaise n'employa le ricochet dans les siéges qu'à la fin des guerres de la
Péninsule. Cela tenait sans doute à un manque
de confiance dans cette manière indirecte de
tirer, ainsi que John Jones le raconte d'artilleurs

la fig. 102, celle d'Hesdin, par Antoine Deville, en 1639; la
fig. 103, celle de Vienne, par les Turcs, en 1683; les fig. 104 et 105,
celles de Maëstricht et d'Ath, par Vauban; et la fig. 106, celle de
l'attaque de la citadelle d'Anvers, en 1832, par le général du génie
Haxo.

portugais au siége de Badajoz, qui ne voulaient
pas croire qu'il fût bon de tirer par dessus le parapet, et préféraient frapper contre les murs
aussitôt qu'on ne les surveillait pas. En réalité,
le ricochet ne serait plus maintenant aussi efficace qu'à l'époqne de son introduction, si l'on
rencontrait une place où il eût été prévu et où
l'on s'en fût garanti par des traverses. Devant
des parapets bien défilés, le ricochet doit secon-
der seulement le feu direct et être employé concurremment avec les bombes à fouiller derrière
les traverses ou à détruire celles-ci.

Nous allons continuer à développer la marche
d'un siége en décrivant un système d'attaque,
tel que Vauban l'a enseigné et qu'on l'enseigne
encore, et dont on suit encore les principes, bien
que dans les siéges les diverses opérations et les
dimensions varient constamment avec les circonstances toujours nouvelles où l'on se trouve
placé.

Dès que l'investissement est formé et qu'on a
fait rentrer autant que possible dans la place les
postes avancés, les ingénieurs font une reconnaissance soignée de ses alentours, en vérifiant
et corrigeant les plans qu'ils peuvent avoir entre
les mains, de manière à obtenir un lever suffi-

sammment exact. On choisit le point d'attaque,
et on le reconnaît avec plus d'attention; les ingénieurs ont soin alors de se familiariser avec
tous les accidents du terrain, conduisant en
même temps leurs opérations de manière à ne
pas indiquer à l'ennemi le côté qu'on a choisi
pour l'attaque.

On établit les parcs du génie et de l'artillerie
avec toutes les bouches à feu et tous les approvisionnements nécessaires pour le siége, dans
des emplacements aussi commodes que possible
pour les travaux, mais aussi tout à fait à l'abri
du feu et des vues de la place. On dégage et on
facilite les communications qui doivent relier
les tranchées avec le camp et avec les parcs,
afin qu'on puisse toujours les trouver pendant
la nuit et le mauvais temps.

On commence par creuser la première parallèle (a a, fig. 107, pl. VIII); c'est une tranchée
qui sert de place d'armes pour le rassemblement
des troupes destinées à protéger les batteries
que l'on construira pour l'attaque, et de communication couverte entre ces batteries. On la trace
parallèlement au contour extérieur des fronts
embrassés par l'attaque à 600 mètres environ
des saillants du chemin couvert. On creuse en

même temps des communications en arrière, aussi loin que c'est nécessaire pour se couvrir de la place. La fig. 109 donne un profil de la première parallèle, et la fig. 110 celui des communications en arrière.

Dès que tout est près pour *l'ouverture de la tranchée* (c'est ainsi que l'on désigne le commencement de l'exécution du travail, les ingénieurs viennent à la tombée de la nuit tracer la parallèle au moyen de repères et d'accidents de terrain dont ils ont parfaitement relevé d'avance la position ; ils indiquent le tracé au moyen d'un ruban blanc et de marques de papier blanc, et au besoin avec des lanternes sourdes. On espace les travailleurs à cinq pieds les uns des autres, et ils doivent au jour avoir terminé leur fouille sur une largeur de quatre pieds et une profondeur de trois. On obtient ainsi un couvert qui permet pendant la journée suivante de porter la parallèle à sa largeur totale de 10 pieds. La parallèle dépasse d'environ 50 mètres les prolongements des dernières faces de bastions qui ont des vues sur le front attaqué, et on courbe ses extrémités. Si la garnison est assez forte pour que l'on ait à craindre des attaques sur les flancs, il sera bon de protéger les extrémités de la parallèle par des redoutes placées comme en *r*, fig. 107.

On commence d'ordinaire les batteries la seconde nuit des opérations ; on distingue les batteries à ricochet, celles à feu direct (ex., batteries de brèche et contre-batteries), et les batteries de mortiers.

Les batteries à ricochet seront construites de manière à pouvoir balayer toutes les faces d'ouvrages ayant des vues sur le front d'attaque, et dont on pourra prendre le prolongement sur un point de la première parallèle. Nous voyons par là l'avantage qu'il y a pour la défense à tracer l'enceinte suivant un polygone d'un grand nombre de côtés ; car à mesure que ce nombre de côtés augmentera, le contour général de plusieurs fronts consécutifs se rapprochera d'une ligne droite, il y aura un plus grand nombre de faces qui verront le terrain de l'attaque, et la parallèle devra s'allonger pour atteindre leurs prolongements. Tout ceci ne laissera pas que d'augmenter beaucoup le travail de l'assiégeant, et l'exposera davantage aux sorties d'une garnison entreprenante. Quand on fixe la position des batteries à ricochet, on peut généralement proionger à l'œil une des crêtes extérieures des parapets que l'on veut enfiler, et on peut tendre un cordeau pour fixer la direction. La crête de la batterie sera à angles droits sur ce cordeau, et une parallèle à ce cordeau, distante de lui de toute l'épaisseur supposée de parapet que l'on a en vue, donnera la place de la première pièce, qui tirera par conséquent à peu près dans le prolongement du talus intérieur de la branche ricochée. Les autres pièces seront ensuite placées avec l'intervalle ordinaire et tireront sur le terre plein. La même batterie contiendra les pièces qui ricocheront une face d'ouvrage, et celles qui ricocheront son chemin couvert. Ainsi les batteries 1, 2, 3, 4 et 5 ricochent en même temps les faces de la demi-lune A et celles des bastions B et C et tous leurs chemins couverts. On les arme principalement de gros obusiers.

Les branches d'ouvrages qui peuvent agir sur les attaques et qu'on ne peut prolonger sans étendre démesurément la parallèle, doivent être contre-battues par un feu direct. Ainsi, pour éteindre le feu des demi-lunes D et E, on trace les batteries 6 et 7 à peu près parallèles à leurs faces sur lesquelles elles tireront de plein fouet. Ces batteries, comme les premières, doivent être

placées à environ 50 mètres en avant de la parallèle, et reliées à elle par des boyaux. Les unes
et les autres doivent être appuyées par un feu soutenu de grosses bombes. On place quelquefois les
mortiers avec les autres bouches à feu en avant
de la parallèle, mais comme leur grande portée
permet de les reculer davantage, on peut les placer plus en arrière, comme en *m m*, fig. 107.

Dès que le feu des batteries a produit son effet
sur les défenseurs, on peut commencer la seconde parallèle à 300 mètres des saillants du
chemin couvert. On le commence ordinairement
à *la sape volante,* c'est-à-dire en posant d'un
seul coup un grand nombre de gabions et les
remplissant ensuite rapidement. Le profil de la
fig. 111 peut être employé pour la seconde parallèle.

Les boyaux qui relient la première et la
seconde parallèle, qui avaient déjà été avancés autant que possible, sont alors terminés en
même temps que la seconde parallèle; ils mar-
chent sur les capitales où ils ont moins de feux
à craindre, et où ils gênent moins le tir des batteries en arrière. Leur tracé est en zigzag, afin
qu'ils ne soient enfilés nulle part. Pour y par-
venir on dirige les boyaux compris entre la pre-

mière **et** la seconde parallèle sur des points à 20 mètres en avant du pied du glacis du saillant le plus dangereux. Entre la seconde parallèle et les demi-places d'armes, on les dirige sur le pied du glacis, et plus tard sur un point à moitié du glacis. Afin de masquer le moins possible le feu des batteries de la première parallèle, on limite les boyaux à droite et à gauche des capitales entre deux lignes convergentes partant de points pris sur la première parallèle à 70 mètres de chaque côté de la capitale et dirigées sur le saillant du chemin couvert. Chaque nouvelle branche recouvre la précédente par *un retour* d'environ 30 pieds de longueur, qui protége le bout de la tranchée et est commode pour l'approvisionnement des matériaux, etc., etc.

Si l'établissement de la seconde parallèle gêne le feu de l'artillerie de la première parallèle, il faut construire de nouvelles batteries et y porter les bouches à feu. En terrain horizontal, ce ne sera probablement pas nécessaire pour les batteries à ricochet qui tirent sous un certain angle, mais bien pour les batteries tirant de plein fouet, telles que 6 et 7 (fig. 107).

Si l'extrémité de la seconde parallèle n'est pas défendue par une redoute, on la relie par des boyaux défilés aux travaux en arrière, sans quoi elle serait *en l'air*.

Toutes les tranchées qui sont destinées à être occupées par les troupes doivent avoir des gradins sur le revers pour permettre d'en sortir. John Jones rapporte que faute d'avoir rendu praticable le revers des tranchées devant Badajoz, quinze hommes furent tués ou blessés par une bombe qui tomba dans la tranchée au moment du relèvement de la garde.

Quand les boyaux de l'attaque sont à 150 mètres du saillant, il devient nécessaire de se ménager des abris pour pouvoir soutenir de près les travailleurs et de se mettre en mesure de chasser les défenseurs du chemin couvert. Dans ce but on pousse à droite et à gauche des portions de parallèles ou *demi-places d'armes, fff* (fig. 107). Aux endroits où elles rencontrent les prolongemeuts des branches des chemins couverts, on peut amener des obusiers qui y enverront des obus et de la mitraille.

On a pu faire jusqu'ici une grande partie des tranchées à la sape volante; mais pour peu que la défense soit énergique, on se trouve alors obligé d'employer le secours plus lent, mais plus sûr, de la sape *pleine,* au moyen de laquelle un sapeur exercé, poussant devant lui un gabion farci, pose et remplit les gabions un à un, tandis que ses camarades, le suivant méthodiquement, élargissent et approfondissent la tranchée qu'il a commencée. On profitera toutefois de tout ramollissement de la défense pour reprendre la sape volante dès qu'on pourra le faire sans trop de risques.

A 75 mètres de la parallèle on forme une troisième parallèle, *g g*. On y place un grand nombre de petits mortiers qui bombardent sans relâche le chemin couvert et les ouvrages extérieurs. Pour que la garde de tranchée puisse se porter plus facilemeut en avant à la rencontre des sorties, on garnit de distance en distance la parallèle de gradins de franchissement (fig. 112, pl. VIII).

A mesure que l'on approche de la place, les angles des boyaux deviennent de plus en plus aigus, et la même quantité de travail fera gagner de moins en moins de terrain. Cet inconvénient se fera ressentir plus tôt si les saillants de la place sont à peu près en ligne droite, comme dans un décagone ou un polygone d'un grand nombre de côtés. Quand on en sera venu au point où trois mètres de tranchée ne rapprocheront pas d'un mètre de plus du saillant, on aura recours à la *sape double*, où l'on se défilera au moyen d'une suite de traverses s'appuyant alternativement sur les parapets de droite et de gauche, de manière à ce qu'elles se recouvrent mutuellement, ou au moyen de massifs laissés à des intervalles convenables et que la sape entourera; dans le premier cas on aura des *traverses en crémaillère,* dans le second, des *traverses tournantes.*

Après l'achèvement de la troisième parallèle, si le feu des batteries a pu éteindre le feu de la place, et affaiblir beaucoup la garnison, on peut emporter le chemin couvert de vive force, et s'y faire un logement à la sape volante. Mais généralement il sera plus prudent et plus sûr de cheminer à la sape sur le glacis et le long de sa crête, et de chasser les défenseurs du chemin couvert, au moyen de projectiles creux et de la mousqueterie des *cavaliers de tranchées* dont nous reparlerons tout à l'heure. Au siége de Cambrai, en 1677, quand on fut arrivé sur les glacis de la citadelle, on donna l'assaut à la demi-lune, contrairement à l'avis de Vauban, sans avoir couronné *en règle* le chemin couvert. La garnison déploya un feu violent, fit une grande sortie, et eprit la demi-lune en faisant perdre beaucoup de monde aux Français. On se remit à faire une attaque régulière, et on reprit l'ouvrage en ne perdant que cinq hommes. Le roi dit alors à Vauban : « Je vous croirai désormais. » Mais cet ingénieur ne suivait pas un système absolu ; aussi au siége de Valenciennes qui précéda immédiatement celui de Cambrai, il conseilla et obtint, malgré tous les maréchaux, de donner l'assaut de jour à un ouvrage à couronne. Les troupes arrivèrent à une demi-lune que la couronne couvrait, et poursuivirent les défenseurs jusque dans *le pâté*, ouvrage irrégulier situé en arrière. Les Français continuèrent encore, forcèrent les barrières d'un passage voûté sous l'enceinte, s'établirent dans les maisons voisines des remparts et y attendirent des renforts ; la place se rendit. De même lors de la prise de Charleroi par l'armée du maréchal de Saxe en 1746, un petit détachement de la garde de tranchée chassa un jour une partie de la garnison du chemin couvert dans un ouvrage à cornes qui reliait le fort à la basse ville, profitant de la confusion qui ne permit pas de lever le pont-levis. Le bruit et l'alarme causés par cet événement inattendu attirèrent l'attention de la partie de la garnison qui combattait l'attaque du sud qui se crut prise à dos. Sans attendre des ordres, les

troupes françaises profitèrent de cette circonstance, et s'emparèrent des remparts. C'est un peu
de la même manière qu'en 1705, au commencement de la guerre de succession, lord Peterbo-
rough se rendit maître du fort de Monjuick ; ce q u
amena la prise de Barcelone. Quand on avait à
craindre des mines, Vauban préférait une attaque
de vive force aux ressources plus lentes de la
sape.

En partant de la troisième parallèle des
sapes simples débouchent de deux points pris
à 30 mètres de chaque côté de la capitale,
montent en tournant sur le glacis, et viennent se rencontrer sur la capitale; on part
de là en sape double sur le saillant. Si l'artillerie de la défense agit encore activement, il sera
bon de faire des demi-places d'armes pour soutenir les travailleurs, et d'élever des *cavaliers de
tranchée* pour achever l'évacuation du chemin
couvert. Ces cavaliers, fig. 113, pl. VIII, se com-
posent de parapets garnis de banquettes en gradins et assez élevés pour que les assiégeants puissent plonger dans le chemin couvert par-dessus
la crête des glacis. Leur profil fait voir qu'ils
sont très-difficiles à exécuter, et peuvent être
rendus inutiles par un feu bien nourri de bom-

bes et d'obus lancés des parallèles avancées.

Quand le chemin couvert est abandonné, la sape arrive sur la crête du glacis, et en partant de là à droite et à gauche on forme un logement qui contourne le glacis sur toute l'étendue des attaques. C'est ce qu'on appelle *le couronnement du chemin couvert*. Comme à cette époque du travail le feu de l'artillerie est devenu dangereux pour la garde de tranchée et les travailleurs, il faut s'en remettre aux feux courbes du soin d'empêcher la place de ranimer son tir. On placera aussi de bons tireurs derrière des créneaux en sacs à terre, e long du couronnement du chemin couvert, dans le but de guetter avec soin les parapets et les embrasures de l'ennemi. En même temps on pratique dans le parapet du couronnement des embrasures pour les batteries de brèche n°ˢ 8, 9, 10, 11 et 12 contre les bastions et les demi-lunes. On place aussi des *contre-batteries* n°ˢ 13 et 14 au saillant de la place d'armes du bastion d'attaque, afin de ruiner les flancs qui défendent les faces de ce bastion, attendu que leur position et leur peu de longueur les ont garantis du ricochet, et qu'ils rendraient l'assaut de la brèche très-périlleux si on leur laissait leurs moyens d'action.

Tandis que l'on prépare ces batteries, et qu'on

les fait agir, on fait creuser par les mineurs des galeries pour descendre dans le fossé, ou bien l'on se fait une rampe en renversant la contrescarpe au moyen d'un fourneau.

S'il ne reste plus alors que le bastion et la demi-lune sans retranchements ou réduits intérieurs, on prendra la demi-lune en traversant son fossé à la sape et faisant faire par les sapeurs un logement sur la brèche, tandis que les tranchées redoubleront leur feu sur la crête du glacis. On donne ensuite l'assaut à la brèche ou aux brèches du bastion. S'il y a derrière un retranchement intérieur revêtu, on fera une sape sur la brèche et on établira en haut une batterie pour ruiner ce retranchement.

Il faut remarquer que, dans le système de Vauban, un retranchement quelconque du bastion peut être tourné par une brèche faite à la courtine au travers de la *trouée* de la tenaille par une batterie comme celle n° 15.

La tenaille elle-même n'aide que peu à la défense, et il n'est pas nécessaire de s'en rendre maître.

Un fossé plein d'eau ajoute considérablement aux difficultés que l'assiégeant éprouve à ce mo-

ment du siége; mais nous ne pouvons nous occupe ici des moyens d'effectuer un passage d
fossé dans ce cas. On a proposé beaucoup de procédés, et on n'en a essayé qu'un petit nombre.
Quand les flancs auront été complétement contre-
battus, on pourrait sans doute lancer le pont de
pontons légers de Blanshard, en partant d'une
brèche faite à la contrescarpe par la mine et se
dirigeant vers la brèche de la demi-lune ou du
bastion.

Les places fortes sont souvent munies d'un
système de galeries souterraines sous les chemins couverts et les glacis, au moyen desquelles
les défenseurs peuvent faire jouer des *contre-mines* sous les travaux des assiégeants. Il faut alors
que l'attaque les recherche et les détruise par la
mine. Cette double opération des mines et des
contre-mines modifie beaucoup la marche des
dernières périodes du siége, mais nous ne pouvons pas entrer dans les détails d'une guerre
souterraine.

On a longtemps supposé que le bouleverse-
ment souterrain occasionné par l'explosion d'un
fourneau ne s'étendait pas à une distance beaucoup plus grande que *la ligne de moindre résis-*

tance, ou distance de la charge au point le plus rapproché de la surface du sol. Mais Bélidor a prouvé par l'expérience qu'avec de fortes charges on pouvait obtenir des *entonnoirs* dont le rayon à la surface du sol était de près de trois fois la ligne de moindre résistance. Cette découverte simplifie le système d'attaque des contremines et donne à l'assiégeant un grand avantage dans cette lutte. Car la défense ne peut employer ces fourneaux surchargés qui crèveraient ses galeries, ce qui fait que les armes ne sont plus égales.

Au lieu d'employer l'artillerie à ouvrir un passage pour les colonnes d'assaut, on a souvent fait des brèches *en attachant le mineur à la muraille.* Dans ce cas, on fait traverser secrètement le fossé par les mineurs, ou bien on les protége par un feu écrasant de toutes les batteries; alors les mineurs pratiquent une galerie et établissent un fourneau sous l'escarpe. C'est ainsi que l'on fit brèche à Bhurtpoor en 1826 et qu'on s'en rendit maître.

Près des extrémités de la première parallèle, on se ménage des épaulements *k, k,* fig. 107, pour couvrir des corps de cavalerie, prêts à se lancer sur les sorties, toutes les fois que le terrain lui-même ne leur offre pas d'abris suffisants (1).

(1) *Note du Traducteur*. Il suffit de lire ce chapitre pour remarquer qu'il ne cherche qu'à esquisser sommairement les opérations d'un siége; on ne peut donc demander à un résumé aussi court autant d'exactitude qu'on serait en droit d'en attendre d'un ouvrage moins élémentaire.

CHAPITRE X

I

Dans la construction du premier système de
Vauban, que nous avons exposé, nous n'avons
pas parlé d'autres retranchements ou défenses
intérieures nécessitant une attaque que de la demi-
lune, du bastion, et du chemin couvert. Bien que
ces ouvrages ne forment pas une partie essentielle du système tel qu'on l'enseigne d'ordinaire,
il n'y a rien dans le tracé qui empêche de les y
ajouter, soit comme ouvrages permanents, soit
comme ouvrages de campagne à élever pendant
le siége pour isoler du corps de place les brèches
ou d'autres points trop faibles.

Dans les ouvrages extérieurs, et dans les bastions vides, le retranchement le plus simple est un fossé coupant d'équerre la face de l'ouvrage, son parapet et le terre-plein de chaque côté du saillant attaqué. Ce retranchement est praticable surtout quand une muraille verticale remplace le talus du rempart; dans le cas contraire l'établissement du retranchement oblige à escarper ce talus et à le revêtir en charpente.

On construit quelquefois, dans les bastions pleins, un ouvrage élevé, nommé *cavalier*, ayant un commandement sur le rempart du bastion. Il est destiné à bien battre le terrain qui ne serait qu'imparfaitement vu par le corps de place, ou à servir à défiler la place des hauteurs avoisinantes. Cormontaingne diten s'appuyant de son expérience que, quand il attaquait des places munies de cavaliers, ceux-ci lui donnaient beaucoup de peine pour le défilement de ses travaux d'approche et écrasaient la garde de tranchée par leur feu plongeant. Dans les vieilles places on plaçait des cavaliers aussi bien sur le milieu des longues courtines que dans les bastions; quand un cavalier situé dans un bastion a un fossé devant lui, on peut faire partir de là des fossés comme ceux dont nous venons de parler, coupant les deux faces du bastion, et plaçant ainsi les deux faces et le saillant sous le feu du cavalier, on a alors un *retranchement avec cavalier*.

Dans un bastion plein sans cavalier, on fait quelquefois un retranchement à tenaille en traçant, à partir des angles d'épaule, deux parapets formant entre eux un angle rentrant au milieu du bastion. Dans un grand bastion, on donne quelquefois à ces parapets le tracé d'un petit front bastionné. Dans tous ces retranchements, bien que la tranchée coupe le parapet du bastion, on laisse à l'escarpe toute sa hauteur. On peut reprocher à tous ces retranchements de réduire l'espace libre pour le service des troupes et des bouches à feu dans les premières périodes de la défense.

Mais si on a de la place plus à l'intérieur, on peut appuyer le retranchement bastionné non plus sur les angles d'épaule, mais sur la gorge du bastion. On peut encore tracer le retranchement en ligne droite suivant la gorge, ou encore suivant le prolongement des deux courtines, de manière à former un saillant obtus sur la capitale du bastion, et à faire battre les fossés par les flancs des bastions collatéraux. Cependant comme nous avons fait voir que dans ce système de Vauban on peut faire brèche à une partie de la courtine par la trouée de la tenaille, il sera préférable de comprendre cette portion de la courtine dans le retranchement que l'on préparera, ou d'isoler les brèches en pratiquant à droite et à gauche des tranchées dans le parapet, et escarpant le talus de rempart dans l'intervalle compris.

Le retranchement se compose souvent d'une palissade ou d'un mur crénelé, au lieu d'un parapet. « Au siége de Maëstricht par le prince d'O-
» range en 1676, dit le capitaine Carleton, quand
» nous fûmes maîtres du bastion du Dauphin,
» l'ennemi placé derrière un petit mur en briques
» dirigea sur nous un feu très-violent de petites
» pièces et de grenades à main, et nous fit per-
» dre ainsi plus de monde que dans l'assaut
» principal. »

Un retranchement embrasse souvent une partie de l'enceinte supérieure à un seul bastion : à l'attaque de Turin par les Français en 1706, la citadelle fut coupée par la moitié par un retranchement qui séparait les bastions attaqués de ceux tournés vers la ville.

Vauban dit au sujet des retranchements en général, qu'on devrait les faire à loisir et non dans la précipitation du dernier moment; qu'on devrait les revêtir, leur donner de vastes terre-

pleins, les armer de pièces du même calibre **que**
l'enceinte elle-même, avec des parapets d'une
épaisseur à l'épreuve, des contrescarpes revêtues,
des contremines, et toutes les communications
nécessaires; enfin que leur tracé ne doit pas gêner le libre usage des faces et des flancs des bastions en avant.

II

La plupart des places importantes ont des *ca-*
semates. Ce sont des voûtes à l'épreuve de la
bombe, construites sous les massifs des bastions
ou ailleurs, pour loger la garnison, ou pour donner de nouveaux feux dans les fossés au moyen
d'embrasures pratiquées dans l'escarpe. De bons
flancs casematés, qui se trouvent ainsi garantis
du ricochet et des feux verticaux, sont très-utiles
pour la défense du fossé; et la tenaille de Vauban
a l'inconvénient d'empêcher l'emploi de l'artillerie des casemates sur les flancs des bastions.
Le général Haxo, l'illustre ingénieur français qui
dirigea l'attaque de la citadelle d'Anvers en
1832, a proposé un modèle de casemate pour
abriter les bouches à feu sur le terre-plein même
de l'enceinte. On abrite souvent des pièces en

batterie, ou des hôpitaux, etc., etc, etc., contre les feux courbes au moyen de travaux en charpente qui remplacent les casemates, et qui portent le nom de *blindages*.

III

Dans beaucoup d'ouvrages de Vauban et dans les places plus anciennes, on donnait aux bastions des *orillons* et des *flancs retirés*.

L'orillon était une tour ronde ou une saillie courbe à l'angle d'épaule du bastion, destinée à cacher et garantir le flanc qui était ordinairement concave. La fig. 6, pl. IX, donne un exemple de ce tracé. L'orillon *ab* occupe un $\frac{1}{3}$ de la. longueur du flanc et sa courbe vient se raccorder tangentiellement avec la face du bastion à l'angle d'épaule. La corde *ed* du flanc retiré est à 10^m en arrière de la première position du flanc. Sa longueur est fixée par deux lignes *be* et *3d*, dont l'une s'obtient en joignant l'angle de l'orillon au saillant du bastion collatéral, et la seconde est une ligne de défense du front partant de l'angle du flanc et de la courtine. L'arc *ed* est $\frac{1}{6}$ d'une circonférence, dont *f* est le centre avec *ef = ed;*

La ligne *be* ou *brisure de l'orillon* contient d'ordinaire une communication sur le fond du fossé; la ligne 3*d* est la *brisure de la courtine.*

Quand Vauban employait l'orillon, il dirigeait les faces de la demi-lune sur les angles d'épaule des bastions, et le saillant de la demi-lune se trouvait à la rencontre de la capitale du front avec un arc de cercle décrit de l'angle de la courtine comme centre, avec un rayon égal à la distance de ce point à l'autre angle d'épaule.

IV

On a fait encore d'autres ouvrages additionnels ou ouvrages avancés pour ajouter à la défense, ou occuper des points qu'on ne voulait pas laisser à l'ennemi. On a déjà parlé des ouvrages à cornes et des couronnes, que l'on employait à couvrir un bastion ou une demi-lune, et que l'on retrouvait à chaque pas dans les places des Pays-Bas. Ainsi les vieux plans de Tournai font voir que presque tous les bastions, de deux en deux, étaient couverts par de grands ouvrages à cornes. Quelquefois on en mettait deux et même trois les uns devant les autres.

La figure 7, pl. IX, donne une indication de

quelques autres ouvrages extérieurs qu'on a ajoutés à la demi-lune, et qu'il est bon de mentionner, parce qu'il en existe encore dans les places, bien que leurs avantages soient assez douteux. En effet, ils demandent un grand nombre de défenseurs, ils facilitent la brèche au bastion par l'augmenta tion du nombre de fos· sés, et donnent de grands logements à l'ennemi quand il s'en est rendu maître. Sur le front de droite *d* et *d* sont des *tenaillons* avec un retranchement *i k*; sur le front de droite *a* et *b* sont des *demi-tenaillons* ou *lunettes, c* est une *bonnette*. Vauban, qui inventa les tenaillons, y renonça de lui-même.

Les *contregardes* sont des ouvrages étroits placés dans le fossé parallèlement à l'escarpe du bastion ou de la demi-lune, qu'ils empêchent de battre en brèche. Quelquefois les contregardes forment une enveloppe continue qui embrasse plusieurs fronts. A Malte, au faubourg Floriana qui couvre la cité Valette du côté de la terre, on trouve deux grands fronts bastionnés avec leurs demi-lunes, entourés par une contregarde continue, laquelle a aussi ses demi-lunes. Devant cette enveloppe est un ouvrage à corne couvert par une couronne, et plus en avant encore

une lunette et un chemin couvert. On n'a rien
trouvé de plus à mettre! Enfin tout ce système
n'est qu'un ouvrage avancé de Valette, qui a son
chemin couvert, ses demi-lunes avec contregardes, des bastions énormes et des cavaliers en
arrière.

CHAPITRE XI

Aucun service n'est plus dur pour des soldats
et ne demande de meilleures troupes, que la défense prolongée d'une place où ils sont tenus en-
fermés par les murailles et les fossés en même
temps que par l'ennemi ; où l'on ne peut que rarement faire de grands mouvements offensifs, où
l'on voit de jour en jour les progrès de l'assiégeant, et où la garnison ne peut guère douter du
résultat, bien qu'elle soit résolue à le faire ache-
ter chèrement.

Aucun devoir ne demande, de la part d'un
chef, plus d'énergie, de prudence, de bravoure
calme et de fertilité en expédients, aucun aussi
ne mérite plus d'honneur quand il est dignement
rempli. Il est possible qu'on n'ait guère à espé-

rer de battre complétement un assiégeant qui entreprend ses opérations avec tous les moyens, suffisants, et qui est maître de la campagne. Dans ce cas même une défense énergique peut lui causer de grands dommages et amener de grands résultats; mais qui plus est, un assiégeant commence quelquefois un siége avant d'être complétement maître du pays environnant, ou d'avoir réuni tous ses moyens. C'est ce qui arriva à presque tous les siéges que l'armée anglaise entreprit en Espagne; elle échoua deux fois à Badajoz et à Burgos. C'estencore ce qui eut lieu lors de la mémorable défense de Tarifa contre les Français.

Les différentes époques du siége font ressortir ce que nécessite une bonne défense; il faut parer tous les coups, mais il n'est guère possible d'indiquer rien d'aussi précis que pour les travaux d'attaque. Ceux-ci se ressemblent beaucoup dans tous les siéges réguliers, et il y a des nombres ou des dimensions que l'on peut indiquer avec une latitude plus ou moins grande. Les travaux de la défense, au contraire, reposent plutôt sur le développement général des vertus militaires, et le talent de savoir se servir à propos de toutes les armes et de toutes les ressources disponibles. Mais cet opuscule serait incomplet s'il n'indiquait pas les moyens de défense les plus ordinaires.

Quand un siége devient probable, il est du devoir du gouverneur de vérifier par lui-même l'état et la quantité de ses approvisionnements, et de s'assurer qu'ils ne consistent pas seulement en vivres, en munitions et en approvisionnements de médicaments, mais aussi en gabions, fascines, bois de charpente, fer, cordages, clous, outils, etc., etc. Il faut supposer qu'il se sera déjà antérieurement familiarisé avec la place et ses environs, les points forts et les points faibles, en entrant bien dans tous les détails. Il aura pris note spécialement de la quantité d'abris à l'épreuve dont il peut disposer, des moyens possibles de tendre une inondation, de la nature des communications avec les ouvrages extérieurs et à l'intérieur, des accidents qui pourraient à l'occasion favoriser une surprise, par exemple des égouts ou fossés découverts, etc., etc. (1). Si les ouvrages

---

(1) Le prince Eugène surprit Crémone, en 1702, en entrant par un fossé dans la maison d'un prêtre dévoué, mais il manqua la prise de la ville faute d'un secours qui ne put arriver, parce que le pont sur le Pô avait été coupé. Les alliés firent cependant prisonnier le maréchal Villeroi, l'inhabile chef de l'armée française. Les soldats célébrèrent ce double événement en chantant :

Français, rendons grâce à Bellone,

ont de l'eau ou des cours d'eau dans leurs fossés, il se procurera des radeaux pour ses communications, et en cas d'une rivière, il fera barrer par des estacades flottantes ou non l'entrée et la sortie des eaux; s'il gèle, il fera sans cesse rompre la glace. Par les temps de brouillard il aura des cordons de sentinelles très-rapprochées, dans le chemin couvert ou en dehors, et il fera examiner avec soin tous les individus et toutes les voitures entrant en ville. Si comme cela arrive souvent la configuration du sol fixe d'avance le point d'attaque, il fera construire des traverses, des blindages et des retranchements, et faire des approvisionnements de matériaux sur des points convenables et commodes. Il partagera la place en arrondissements confiés chacun à un officier, qui s'en occupera exclusivement et se garantira avec soin de toute surprise.

Nous avons déjà dit que le premier soin de l'ennemi qui se décide à faire un siége, est d'opérer l'investissement pour intercepter les communications et l'arrivée des secours dans la ville. De son côté le gouverneur devra, par conséquent,

> Notre bonheur est sans égal,
> Nous avons conservé Crémone
> Et perdu notre général.

chercher à retarder cet investissement et se mettre à l'abri d'une surprise, afin d'avoir le temps de compléter sa garnison et ses approvisionnements, et de reculer le plus possible le commencement du siége. Dans ce but il coupera les gués, les ponts et généralement toutes les communicatons qui pourraient aider la marche de l'ennemi. Il dépouillera les environs de toutes leurs ressources le plus loin qu'il lui sera possible. Il occupera par de légers ouvrages et avec de l'artillerie de campagne les points favorables qui pourraient se trouver sur la route que l'ennemi doit suivre, afin de paralyser sa marche sans compromettre la retraite de ses troupes; il aura enfin des patrouilles qui éclaireront tous les environs.

Il y a beaucoup à faire en même temps à l'intérieur de la place. Tout en admettant que les maçonneries soient en bon état, il faut s'attendre à trouver les talus en terre dégradés par le temps et les intempéries, les parapets écrêtés, les talus intérieurs rasés ou affaissés, et les barbettes et les banquettes embarrassées. Il faut tout revoir, réparer et recouper afin de mettre toutes les parties en bon état de service (1). On

(1) Quelques ingénieurs veulent qu'au moment de la construction

posera dans le chemin couvert, s'il n'y en a pas déjà, des palissades et des barrières, et on disposera des barbettes pour des pièces de campagne dans les places d'armes saillantes. Enfin on détruira autant que possible tous les couverts qui pourraient exister à portée de canon.

Une fois l'investissement accompli, les efforts de la garnison doivent tendre à empêcher les reonnaissances et à découvrir le point qui sera attaqué s'il peut y en avoir plusieurs. Dans ce but, des pièces de place et de campagne, placées sur les points les plus hauts et les plus avancés, tirent sur les petits détachements employés aux reconnaissances ; on envoie la nuit à 8 ou 900 mètres des piquets qui se tiennent couchés et écoutent attentivement, et qui cherchent, en se retirant au jour et rétrécissant leur cercle, à cerner les rôdeurs qui auraient pu traverser le cordon à la faveur de l'obscurité. On peut tendre des rideaux d'étoffe devant les faces et les saillants afin de déguiser le tracé, et d'embarrasser les ingénieurs

des ouvrages on termine les parapets à l'intérieur par un seul talus qui comprenne les banquettes, et qu'au moment où on a un siége à craindre, on recoupe les profils dans la masse entière. La terre restant en excès servirait aux réparations, à l'établissement des traverses, etc., etc.

ennemis dans la fixation des prolongements des crêtes et la mesure des distances (1). On cherche par tous les moyens possibles à découvrir exactement les emplacements des dépôts faits par l'ennemi, afin de pouvoir en conclure le point d'attaque. Quand on s'attend à l'ouverture de la tranchée on emploie tous les mortiers à lancer des balles à feu, et dès que l'on est sûr du front d'attaque, on y construit les traverses et on fait les embrasures ; on arme et on retranche les ouvrages extérieurs ; quelquefois on construit des flèches en avant des glacis. Sur les fronts adjacents on dirige autant de pièces que l'on peut sur le terrain de l'attaque, au moyen d'embrasures obliques. Au moment où l'ennemi en vient réellement à ouvrir la tranchée, le gouverneur dirige sur les travailleurs le feu le plus nourri, avec toutes les pièces qu'il peut amener de ce côté, il envoie même dehors des pièces de cam-

---

(1) Ces rideaux peuvent être si utiles souvent, tant pour l'attaque que pour la défense, qu'il est extraordinaire qu'on ne s'en serve pas plus souvent. Sir J. Jones dit quelque part que devant Badajoz, les ingénieurs anglais couvrirent par un rideau en toile un boyau inachevé, et que les Français le prenant pour un parapet en terre, laissèrent continuer le travail sans l'inquiéter. Le même procédé fut employé à Gibraltar pour masquer de grosses réparations que l'on fit aux batteries qui voyaient le terrain neutre.— Albert Dürer et Maggi en parlent aussi dans leurs *Traités de fortification*.

pagne pour chercher à enfiler les tranchées.
Enfin, il repousse et fatigue les travailleurs par
des sorties de petits détachements de cavalerie
qui balaient leurs positions et se retirent.

« Pendant que l'assiégeant construit ses batteries, l'assiégé concentre son feu sur ces points-
là et sur les capitales suivant lesquelles s'avan-
ceront les boyaux, sans gaspiller ses munitions
contre une parallèle terminée. Quand on s'attend
à voir commencer la 2ᵉ parallèle, on s'assure du
moment au moyen de balles à feu, et on concentre alors dans le chemin couvert un feu serré de
mitraille et de mousqueterie. A ce moment, et
quelquefois même plus tôt, si le terrain le permet, on ouvre une tranchée de contre-approche
qui sans être enfilée elle-même peut enfiler les
places d'armes ou les boyaux de l'ennemi. Et à
partir de cet instant, quand les assiégeants com-
mencent à employer les gabions, la durée du
siége dépendra beaucoup de ce que pourront faire
les sorties accompagnées de travailleurs destinés
à bouleverser les travaux commencés.

Il ne faut pas oublier que dans le cas d'une
attaque bien conduite et bien soutenue par l'assiégeant, les sorties sont uniquement *le moyen
le meilleur et le plus sûr d'interrompre et de pro-*

longer les travaux du siége et par suite de retar-der la prise de la place, et non des assauts désespérés livrés aux tranchées de l'ennemi avec l'intention de passer la garde au fil de l'épée. Le succès de tels efforts ne serait que momentané, et la perte que feraient les assiégés leur serait plus sensible que 'celle des assiégeants, quand bien même le chiffre total serait de beaucoup en faveur des premiers (1). Les sorties doivent donc général être peu nombreuses, fréquentes et promptes à l'attaque comme à la retraite, à moins qu'une sortie faite dans des proportions plus considérables ne puisse amener la destruction d'un ouvrage important et retarder notablement les travaux d'attaque, ou que des inondations, ou d'autres obstacles ne rétrécissent assez le terrain pour égaliser les chances. Lorsque de grandes et puissantes sorties ont réussi à frapper de grands coups et à remporter un succès décisif, cela a toujours tenu à des circonstances par-

---

(1) Bien que les sorties soient quelquefois nécessaires, elles sont dangereuses pour les défenseurs, car la perte de dix hommes leur est plus sensible que celle de cent hommes pour les assiégeants; d'abord parce qu'ils sont moins nombreux, ensuite parce qu'ils ne peuvent renouveler leur monde à volonté. Enfin, on peut dans une sortie perdre un des principaux chefs, ce qui suffit quelquefois pour faire tomber la place.

ticulières. C'est ce qui eut lieu à Gibraltar le 26 novembre 1781, lors de la sortie mémorable du brave Elliott avec le tiers de sa ganison ; il eut moins de trente hommes tués ou blessés, détruisit des ouvrages qui avaient coûté à l'ennemi plusieurs mois de travail et encloua une trentaine de pièces de gros calibre ; on peut expliquer le succès qu'il remporta dans ce cas par le long espace de temps qu'avait déjà duré le siége sans qu'il fît aucune tentative de ce genre, en sorte que les Espagnols furent surpris et terrifiés, et aussi par le peu d'espace qu'offrait le terrain neutre qui ne permit pas aux assiégeants de concentrer les masses des troupes qu'ils avaient dans leurs parallèles ; or, cette dernière circonstance ne se présente pas d'ordinaire. Il y a eu toutefois, et il y aura encore un grand nombre de siéges mal conduits pendant lesquels les assiégés pourront trouver l'occasion de tenter un effort vigoureux contre un ennemi dont les tranchées seront trop étroites ou mal gardées, ou qui aura pris de mauvaises dispositions défensives. C'est là ce qui a amené le succès incontestable qu'ont eu les trois quarts des sorties des garnisons françaises pendant nos siéges d'Espagne. L'histoire de ces siéges fait voir qu'une sortie hardie et vigoureuse peut ruiner toutes les attaques de l'assiégeant, si la garde des tranchées est mal répartie et mal commandée ; mais que si l'on a bien pris les précautions convenables en exécutant ces travaux et en plaçant les défenseurs, une sortie doit être repoussée avec perte quand les tranchées sont encore loin ; et que si elles sont déjà avancées et que la sortie réussisse à s'y précipiter tout à coup, elle doit en être nécessairement chassée de suite et cruellement traitée (1).

Quand l'ennemi en arrive à marcher à la sape, les efforts de l'assiégé doivent se borner à continuer le tir à boulets, attendu qu'une ou deux pièces de campagne dirigées sur une tête de sape suffisent pour l'empêcher d'avancer. Il faut les appuyer par de bons tireurs placés dans le chemin couvert et tirant par des créneaux en sacs à terre. On doit aussi à cette époque du siége préparer la nuit des blindages aux sail-

____

(1) Au siége de Saint-Sébastien, comme les Français venaient de faire avec succès une ou deux sorties sur une parallèle tracée à 200 mètres, on y fit tenir pendant la nuit les hommes de garde assis sur le revers de la tranchée, les fusils entre les mains, attendant la prochaine sortie, avec l'ordre de s'élancer sur l'ennemi aussitôt qu'il paraîtrait sur le parapet. C'est ce qui eu lieu ; la sortie fut repoussée sans résistance et il n'en revint plus.

lants et des contre - mines sous les glacis.

Lorsque la troisième parallèle est terminée la garnison doit se préparer à repousser l'attaque du chemin couvert. A moins d'avoir un succès évident, il ne faut pas tenir les saillants assez long-temps pour s'exposer à être confondu pêle-mêle avec les assiégeants, mais il faut se replier, en faisant feu de traverse en traverse, jusqu'aux places d'armes rentrantes, et laisser l'ennemi exposé aux bombes, aux grenades et à la mitraille de la place et à la mousqueterie de la demi-lune.

Si l'on couronne le chemin couvert pied à pied, les défenseurs doivent, tant que dure ce travail, diriger de ce côté tous leurs mortiers, leurs pierriers, et leurs pièces blindées des saillants, et s'aider des mines en faisant suivre d'une sortie sur les tranchées toute explosion bien réussie. Pendant que l'ennemi fait ses descentes de fossé on y envoie beaucoup de grosses bombes, et si l'on peut on dirige de l'artillerie sur leur débouché dans le fossé. On cherche aussi à empêcher l'armement des batteries de brèches, qui sont si difficiles à établir dans des terres mouvantes et par un temps de pluie.

Quand les brèches sont faites, le gouverneur s'évertue à déblayer les décombres, et à couvrir la brèche ainsi que le fossé en avant, d'obstacles artificiels de toute espèce. Il cherche moins à engager une lutte corps à corps avec les assiégeants sur la brèche, qu'à les y tenir en échec par des obstacles inertes, tandis qu'il y dirige le feu bien nourri de ses retranchements. Ceux-ci, s'ils ne font pas partie des ouvrages permanents de la place, auront dû être fortement palissadés, appuyés par des maisons crénelées ou mis de toute autre manière à l'abri d'être enlevés du premier élan. Dans le cas contraire, ils ne peuvent retarder la chute de la place, ils font couler le sang inutilement, et il vaut mieux n'en pas préparer.

CHAPITRE XII.

DU SYSTÈME MODERNE.

Dans la construction de Belfort et de Landau, sur la frontière rhénane, de 1684 à 1688, Vauban introduisit des changements notables à sa méthode, et il les développa encore davantage à Neufbrisach, vers la fin du même siècle. C'est de ces ouvrages qu'on a déduit ce qu'on a appelé le deuxième et le troisième système de Vauban. Ils se distinguent par une enceinte polygonale, flanquée par de petites tours casematées, ou bastionnets, que couvrent des bastions détachés. A Neufbrisach, qui représente le troisième système, Vauban a en outre agrandi beaucoup le bastion et la demi-lune, et il a ajouté dans celle-ci un fort réduit ou ouvrage intérieur.

Après Vauban, le premier grand ingénieur qui se consacra au perfectionnement de la science, fut Cormontaingne.

Ce que l'on enseigne ordirairement sous le titre de *système moderne* est principalement basé sur les perfectionnements de Cormontaingne, modifiés par les ingénieurs français qui sont venus après lui. Il diffère principalement du premier système de Vauban :

1° Par l'agrandissement des bastions, ce qui procure plus d'espace pour l'artillerie, pour la mousqueterie, pour la défense des brèches, et l'établissement des retranchements sur les points qui contribuent le plus à la défense et qui sont le plus exposés à être attaqués.

2° Par la grande saillie et la contenance des demi-lunes, ce qui oblige à les attaquer et à les prendre avant de pouvoir opérer le couronnement du chemin couvert du bastion. C'est ce qui n'a pas lieu dans le premier système de Vauban, où les saillants des bastions et de la demi-lune sont presque inscrits dans la même circonférence. La demi-lune de Vauban augmente le travail de l'assiégeant, qui est obligé de la réduire, mais

qui n'a besoin de le faire que quand tout est prêt
pour l'assaut du bastion ; elle n'ajoute donc que
peu de chose ou peut-être rien du tout à la durée
du siége. De plus, dans le système moderne, la
demi-lune couvre complètement les angles d'é-
paule des bastions des vues des batteries établies
sur le glacis ; tandis que dans le système de Vauban ces batteries peuvent faire brèche au bastion si près de l'angle d'épaule qu'il devient
facile d'enfiler les flancs. Enfin la saillie des
demi-lunes oblige l'assiégeant à ouvrir sa première parallèle à une distance trop éloignée pour
qu'il puisse ricocher facilement de là les faces
des bastions, et elle protège avantageusement
les sorties.

3° Par la grandeur des demi-lunes où l'on
peut alors construire des réduits qu'il faut aussi
prendre avant les bastions parce que leurs flancs
voient les brèches à revers.

4° Par l'établissement de réduits de places
d'armes rentrantes qui, combinés avec les retranchements traversant le parapet de la demi-
lune, retardent encore l'exécution des logements
à faire en avant du bastion. De cette façon,
avant de pouvoir établir les batteries de brèche
du bastion, on a cinq ouvrages à prendre : deux

demi-lunes, le réduit de l'une d'elles au moins, et les deux places d'armes rentrantes.

Dans ce système on a changé l'inclinaison des revêtements, c'est-à-dire qu'ils sont verticaux à l'extérieur, et vont en s'élargissant vers la base du côté des terres. Cet élargissement s'obtient souvent, non au moyen d'un talus, mais par des gradins successifs. On n'a que des demi-revêtements et le cordon arrondi est remplacé par une *tablette* rectangulaire, dont la face supérieure forme une sorte de berme de 2 pieds de largeur, entre le pied du talus extérieur et le parement de l'escarpe. Les contreforts sont rectangulaires en plan. Quelquefois les revêtements sont construits *en décharge* c'est-à-dire avec des arceaux et des murs en arrière entre les contreforts; ceux-ci sont alors percés de baies, et on a ainsi le long de l'escarpe des galeries intérieures, d'où l'on peut tirer dans le fossé par des créneaux.

Les principaux avantages qui résultent dans le système moderne de la saillie des demi-lunes, ne deviennent sensibles qu'à partir de l'octogone.

Du Tracé. Pl. VIII, fig. 120 et 121. La longueur du côté extérieur est de 384 yards; la perpendiculaire est encore le $\frac{1}{6}$ de cette longueur.

La face du bastion est égale au $\frac{1}{3}$ du côté extérieur et les flancs sont menés perpendiculaires aux lignes de défense. L'arrondissement du fossé du corps de place devant le bastion se trace comme précédemment, mais les tangentes qui fixent le reste de la contrescarpe, partent de la crête du parapet à l'angle d'épaule, et non à l'angle d'épaule du cordon.

La tenaille a encore 16 yards d'épaisseur, mais ses extrémités et sa gorge sont à 11 yards de l'escarpe de l'enceinte.

La crête du parapet est coudée à chaque extrémité perpendiculairement à une ligne partant du milieu du fossé de la demi-lune à sa rencontre avec la contrescarpe du corps de place.

Tracé de la demi-lune. On prend sur chaque face du bastion 36 yards à partir de l'angle d'épaule. Sur la ligne fictive qui relie ces deux points, on construit un triangle équilatéral dont le sommet sera le saillant de la demi-lune; et les faces s'arrêteront comme par le passé à leur rencontre avec la contrescarpe. On trace comme précédemment le fossé de la demi-lune et le chemin couvert; ce dernier a onze yards de largeur.

Les faces du réduit de demi-lune sont parallèles à celles de la demi-lune, et dirigées sur la crête du parapet du corps de place aux angles d'épaule ; la contrescarpe du fossé du réduit est parallèle à l'escarpe à 11 yards de distance.

Tracé des flancs du réduit. A partir de la rencontre de sa face avec la direction de la contrescarpe du corps de place, on prend 11 yards $\frac{1}{2}$ sur la contrescarpe et 18 sur la face. La ligne qui réunit les deux points ainsi obtenus est le flanc du réduit. On obtient la gorge en réunissant les extrémités de la crête des deux flancs. On trace la gorge de la demi-lune parallèlement au côté extérieur, et de 4 à 6 pieds en deçà, jusqu'à la rencontre des flancs du réduit.

Construction du réduit de place d'armes rentrante. On obtient sa capitale en traçant la bisectrice de l'angle formé par les contrescarpes du corps de place et de la demi-lune, et on joint le saillant du bastion à celui de la demi-lune par une ligne qui coupe cette capitale, et qui forme la contrescarpe d'une face de ce réduit. Si on joint ce point d'intersection de la capitale avec le saillant de la place d'armes saillante, on a la contrescarpe de l'autre face. Le fossé a 6 yards de largeur, et l'escarpe est parallèle à la contrescarpe. Pour donner à ce réduit un petit flanc du côté de la demi-lune, on se contente de retourner la crête de son parapet, sur une longueur de

6 yards perpendiculairement à la ligne qui joint son extrémité au saillant de la demi-lune; en prolongeant cette dernière ligne, on retire au réduit un espace triangulaire que l'on ajoute au fossé de la demi-lune.

La crête de la place d'armes rentrante, est un arc de cercle dont le centre est au point de départ de la bisectrice ci-dessus, et dont un point se trouve sur cette même capitale du réduit, à 20 yards en avant de sa contrescarpe.

Aux points où cet arc rencontre la crête du chemin couvert, des traverses viennent compléter la fermeture des places d'armes. Il y a encore trois autres traverses sur chaque branche du chemin couvert de la demi-lune, les plus avancées formant le prolongement des faces de la demi-lune. — Ces deux dernières traverses n'ont que 9 pieds de plongée, celles des places d'armes rentrantes ont 18 pieds. Les passages autour des traverses sont en *crémaillère*. Le glacis a 60 yards de largeur. Au saillant de la place d'armes, devant la demi-lune, on fait à la crête du glacis un pan coupé de 9 yards de longueur perpendiculairement à la capitale.

Il y a une *coupure* ou retranchement dans le parapet de chaque face de la demi-lune. Cela consiste en un parapet et un fossé de 6 yards de largeur dont la contrescarpe est une perpendiculaire à la face de la demi-lune menée par l'extrémité de l'escarpe du réduit de place d'armes.

On a déjà indiqué les principaux avantages que ce tracé doit présenter ; il y a encore quelques caractères secondaires à signaler. La *trouée* de la tenaille étant masquée par l'élargissement de la demi-lune, on peut écarter un peu plus des flancs les extrémités de la tenaille, et les soustraire ainsi un peu aux éclats, sans craindre d'exposer la courtine aux vues de l'ennemi établi sur le glacis. Les petits flancs ajoutés aux parapets de cet ouvrage servent à diriger un feu de mousqueterie contre l'ennemi qui déboucherait du fossé de la demi-lune dans celui du corps de place.

La demi-lune étant tracée suivant un triangle équilatéral, n'a qu'une ouverture de 60°, ce qui est l'angle le plus aigu que l'expérience permette d'admettre. Quand plusieurs fronts de ce système sont en ligne droite, la grande saillie des demi-lunes abrite complétement les faces des bastions contre le ricochet.

Les fossés de la demi-lune et de son réduit

sont tous les deux flanqués par la face du bastion,
tandis que les flancs du réduit voient directement
la partie du bastion, entre le saillant et le prolongement de la face de la demi-lune, qui est le plus
exposée à être battue en brèche.

Ces flancs doivent avoir des pièces casematées;
qui resteront intactes jusqu'à la chute du réduit
lui-même.

Par suite du tracé du réduit de place d'armes,
son fossé, sur une face au moins, est tout à fait
défilé; son flanc bat directement la position ordinaire des brèches de la demi-lune, et la direction de sa demi-gorge du côté de la demi-lune
couvre la communication en ce point des vues
des logements de l'ennemi en avant de la demi-
lune.

Les banquettes de la place d'armes rentrante,
sont enfilées plus difficilement, à cause de leur
tracé circulaire.

L'épaisseur réduite des traverses avancées du
chemin couvert est suffisante pour résister au ricochet, mais non au feu de plein fouet de l'artillerie de la place, si les assiégeants voulaient les
employer comme abris.

La *coupure* de la demi-lune est destinée à
empêcher les assiégeants de chasser les défen-

seurs du réduit de place d'armes dès qu'ils ont pris la demi-lune, et son fossé doit être défilé par le parapet du réduit. Il faut reconnaître que le tracé indiqué semble satisfaire plutôt à la seconde condition qu'a la première, qui est cependant la plus importante.

Une différence de niveau de 8 pieds entre le fossé du corps de place et celui de la demi-lune sert à faire voir une plus grande partie de ce dernier par le bastion en arrière; elle couvre en même temps la communication de la place d'armes, et elle est un obstacle aux sapes qu'on pourrait chercher à pousser vers le bastion.

Les dimensions des parapets etc., etc., peuvent rester les mêmes que dans l'ancien tracé. Voici quelques modifications ou additions :

Enceinte	Talus de rempart	14 pieds.
—	Talus extérieur du parapet.	11 »
Berme.	Partout.	2 »
Tenaille.	Talus extérieur. .	6 »
Réd. de demi-lune	Talus intérieur. .	12 »
—	Terreplein à partir des banquettes. .	18 »

—	Talus extérieur.	5	$\frac{1}{2}$
Demi-lune	id.	6	»
Réd. de pl. d'arm.	Talus intérieur.	5	$\frac{1}{2}$
—	Terreplein.	10	»
—	Talus extérieur.	3	$\frac{1}{2}$

On fait généralement dans le système moderne des retranchements dans les bastions. Dans le cas d'un retranchement à la gorge, qui est celui que Cormontaingne préfère, on prend sur chaque courtine 20 yards à partir des angles de flanc, et la ligne qui joint ces points donne le côté extérieur du retranchement. La perpendiculaire est le $\frac{1}{7}$ et les faces les $\frac{2}{7}$ de ce côté extérieur; et joignant les angles d'épaule ainsi déterminés aux angles de flanc des deux courtines, on a la contrescarpe. S'il doit y avoir un cavalier outre le retranchement, ses faces et ses flancs seront parallèles à ceux du bastion; les faces (ayant en avant un fossé de 11 yards) seront tracées à 23 yards des crêtes du bastion, et les flancs (sans fossés) seront à 12 yards des crêtes des flancs. Le retranchement est complété par une *coupure* ou tranchée coupant d'équerre le parapet et le terreplein du bastion. Le fossé de cette coupure pourra avoir 6 yards de largeur, et on obtient sa contrescarpe en la dirigeant sur la rencontre de la face du bastion avec le prolongement de celle de la demi-lune, en sorte que le retranchement ne peut être tourné par une brèche que produirait une batterie tirant suivant le fossé de la demi-lune. La partie du parapet de la coupure qui flanque le fossé du cavalier est reculée d'environ 1 yard afin de laisser ainsi sur la contrescarpe un point d'où l'on puisse flanquer la place du cavalier, qui ne serait pas flanqué sans cela.

Le relief total de l'enceinte, abstraction faite du cavalier, est de 45 pieds et demi, c'est-à-dire 23 pieds demi au-dessus du terrain naturel, et 22 pieds au-dessous. Voici les autres hauteurs :

Au-dessus du terrain naturel.

Tablette de l'enceinte. . . . 8 pieds $\frac{1}{2}$.
(L'escarpe ayant 30 pieds $\frac{1}{2}$ de hauteur.)
Crête de la tenaille. . . . . 5 pieds.
Id. du réduit de $\frac{1}{2}$ lune. . . 20 id. $\frac{1}{2}$.
Id. de la demi-lune. . . . 17 id. $\frac{1}{2}$.
Glacis de la demi-lune. . . . 8 id. $\frac{1}{2}$.
Id. du bastion. . . . . . 9 id. $\frac{1}{2}$.

Crête du cavalier (environ).   .   32 id. ½.
Sa tablette.   .   .   .   .   .   18 id. ½.
Fond de son fossé.   .   .   .   0   0.

Au-dessous du terrain naturel.

Fossé du réduit de demi-lune.   .   6 pieds.
Id.   de la demi-lune.   .   .   .   14 id.
Id.   de réd. de pl. d'ar. rentrante 11   id.

Pentes transversales des terres pleins.

Enceinte.   .   .   .   .   .   .   6 pouc.
Tenaille.   .   .   .   .   .   1 pied 0
Terreplein de réduit de ½ lune 0   »   6
Intérieur du réduit.   .   .   .   1   »   6
Demi-lune.   0   »   6
Terreplein du réduit de place
d'armes rentrante.   0   »   6
Intérieur du réduit   id.   .   1   »   0
Chemin couvert.   0   »   6

Un double escalier conduit du bout de la caponnière au réduit de demi-lune, et des poternes placées sous les flancs descendent de cet ouvrage dans son fossé. Les escaliers des places

d'armes rentrantes communiquent par un palier avec le fossé de la demi-lune. Il y a encore des escaliers conduisant du fossé du réduit de la demi-lune aux parties de la demi-lune en arrière des coupures; et tout à côté, des rampes permettent de monter sur le terreplein de la partie antérieure de la demi-lune. Sous chaque face du réduit de demi-lune des poternes descendent dans le fossé en avant, et des rampes conduisent des fossés dans le chemin couvert.

On établit quelquefois une demi-caponnière pour couvrir la communication entre l'escalier à la gorge de la demi-lune et la poterne sous le rempart du réduit de demi-lune.

CHAPITRE XIII.

Coehorn, contemporain hollandais de Vauban, proposa plusieurs systèmes destinés à être appliqués aux terrains marécageux et aux fossés pleins d'eau des Provinces-Unies, de préférence aux tracés combinés comme pour des fossés secs et où on introduisait l'eau sans se préoccuper des nouvelles conditions qui en résultaient. Ses plans comprennent un système enveloppe composé de fossés pleins d'eau et d'ouvrages à terres coulantes, et une enceinte intérieure avec fossés secs et escarpes revêtues. Les détails sont très-compliqués, et demanderaient des plans et des développements considérables.

Dans le dernier siècle, Montalembert suggéra l'idée de diriger contre les attaques un feu d'artillerie considérablement supérieur à celui qu'une armée assiégeante pourrait engager. Pour les places à créer, il rejette complétement le tracé bastionné, qu'il remplace par une série d'angles saillants et rentrants perpendiculaires entre eux. Il couvre l'enceinte par un double système de contregardes flanquées par des batteries casematées à plusieurs étages placées dans les angles rentrants. De grandes tours rondes en maçonnerie, hautes de quatre étages, et placées aux saillants, commandent le tout. Il propose de modifier les places bastionnées déjà construites en élevant et transformant la tenaille, de manière à obtenir un polygone de fronts *en tenaille*, dont les bastions ne seraient plus que les retranchements. Il obtient alors son flanquement en établissant des caponnières casematées en arrière des demi-lunes. Ceci ne peut donner qu'une idée très-générale de l'esprit de ses projets; mais son grand ouvrage *de la fortification perpendiculaire* contient un grand nombre d'exemples de ses tracés.

Sous Napoléon, Carnot publia un nouveau système caractérisé plus particulièrement : par la substitution d'un long talus (*glacis en contre-pente*) à la contrescarpe, afin de faciliter les sorties, dont il voulait augmenter considérablement l'emploi pour la défense; par un mur d'escarpe détaché de l'enceinte, et crénelé, que Montalembert avait aussi proposé; enfin par l'emploi d'une énorme quantité de mortiers blindés placés sur les capitales. Son ouvrage est très-intéressant et plein de mérite, mais l'influence exagérée qu'il accorde à l'effet combiné des sorties et des petits projectiles lancés par les mortiers pour tuer les assiégeants en détail rappelle le plan du capitaine Bobadil pour l'extermination de l'armée espagnole.

Les innovations proposées par Bousmard, dans le supplément à son célèbre *Essai général de fortification*, consistent principalement à porter les demi-lunes en avant du glacis, à donner à la tenaille des flancs casematés, à rétrécir le fossé pour mettre le chemin couvert à portée des grenades du corps de place, et à disposer les traverses en petits redans. Nous en parlons ici parce que les deux premières de ces dispositions ont été suivies jusqu'à un certain point par Chasseloup de Laubat dans les grands travaux, aujourd'hui démolis, que Napoléon fit faire à Alexandrie.

Les idées de Carnot, et surtout de Montalembert ont eu une très-grande influence sur les travaux qui ont été faits en Allemagne depuis la paix. Le principe général est d'enfermer l'espace que l'on a choisi à cause de l'importance de sa position, au moyen d'ouvrages susceptibles de se défendre d'eux-mêmes et placés sur les points les plus avantageux; on donne à chaque ouvrage un fort réduit intérieur et des casemates pour le flanquement, afin que chacun puisse se défendre vigoureusement indépendamment des autres. On relie ces ouvrages par une enceinte polygonale, ou encore on les emploie comme ouvrages avancés dont l'ennemi doit faire le siége en règle et s'assurer la possession avant d'attaquer la ville elle-même ou la citadelle centrale. Les ouvrages de celle-ci sont établis d'après ce même principe que tous les points principaux doivent pouvoir se défendre isolément après la chute de l'enceinte continue. Les flanquements s'obtiennent principalement au moyen de grandes caponnières en maçonnerie dont les pièces inférieures balaient les fossés, tandis que les plus élevées commandent le glacis. Ces caponnières sont masquées

par des ouvrages en terre, demi-lunes ou contregardes, dont les fossés sont flanqués et fermés par
des batteries casematées.

On place aux saillants des batteries de canons
blindées, et en arrière sur la capitale les casemates de Carnot pour les mortiers. Dans les grandes places on place dans chaque front de fortes
casernes défensives, et dans les plus petites on
dispose au centre ou à la gorge un réduit en maçonnerie qui souvent tient en même temps lieu
de cavalier par suite de son commandement sur
l'enceinte et le terrain en avant. « Ce système,
» dit l'inspecteur du génie prussien Brèze, a eu
» principalement pour but d'obvier aux défauts
» reconnus dans le tracé bastionné. C'est ce qui
» a amené les ouvrages détachés et indépen-
» dants; les batteries couvertes, qui ne peuvent
» être détruites de l'extérieur; les abris voûtés
» pour les troupes à l'intérieur même des ouvra -
» ges; les postes avancés et détachés sur les
» points où ils sont nécessaires à la défense, et
» enfin l'établissement de communications faciles
» et sûres pour la circulation des troupes. Mais
» bien que ce soient ces idées qui aient inspiré
» les nouveaux ouvrages, il n'y a pas eu encore
» chez nous de système bien arrêté. »

La position de la grande caponnière employée ordinairement à flanquer les fossés étant au centre du front, la longueur du côté extérieur pourra être double de celle des lignes de défense, ou 600 yards et même davantage. Les saillants de l'enceinte ont les mêmes ouvertures que ceux du polygone de la place, puisqu'ils ne sont plus diminués comme dans le système bastionné; il en résulte que même dans un octogone, il n'est pas nécessaire que la demi-lune ait une saillie exagérée pour qu'elle puisse complétement couvrir les faces contre le tir à ricochet.

Nous donnons, pl. IX, fig. 8 et 9 des applica-ions des principes généraux de ce système alle-mand, tirées du fort Alexandre près de Coblentz avec leur construction d'après le colonel Hum-frey. L'ensemble paraît être une simplification des tracés donnés par Montalembert dans le second volume de son grand ouvrage.

Les environs de Coblentz, ayant une impor-tance permanente pendant une guerre sur le Rhin, ont été destinés à recevoir de grands camps retranchés présentant un appui à une armée sur la défensive. La Moselle vient de l'ouest pour se jeter dans le Rhin, et Coblentz se trouve dans l'angle compris entre la rive droite de la Moselle et la rive gauche du Rhin. Une série d'ouvrages du genre de ceux dont nous avons parlé occupent les hauteurs sur les deux rives de la Moselle et embrassent l'espace compris entre cette rivière et le Rhin.

La grande forteresse d'Ehrenbreitstein couvre une montagne rocheuse sur la rive droite de ce dernier fleuve, et commande ses deux rives ainsi que la ville; c'est la citadelle du système. Le fort le plus important ensuite est le fort Alexandre qui couvre les abords de Coblentz entre Rhin et Moselle.

Dans la figure 8, pl. IX, na et nn représentent les fronts du fort Alexandre qui est établi sur un parallélogramme dont les angles sont de 85° et 95°. Le procédé de construction de na est indiqué sur la ligne ab, prise égale à na. On prend :

$AB = 660$ yards.
$GC = \frac{1}{12} AB.$
$CD = CE = \frac{1}{7} AB.$
$CF = \frac{1}{6} AB.$

Les lignes FD et FE sont alors les faces de la demi-lune. On trace la ligne ab parallèlement à AB à 81 yards de distance, et on prend

$ab = 492$ yards; $ad = de = eb = \frac{1}{3}\,ab$. Les flancs casematés di et ke ont chacun 33 yards de longueur, et ce sont les cordes de deux arcs de cercle décrits du point G comme centre, avec Gd pour rayon. La longueur $Cm = 29$ yards donne le saillant de la caponnière, dont les faces sont dirigées sur les points i et k, et dont les flancs sont parallèles à la capitale, à 16 yards de distance de chaque côté; sa gorge est sur le *côté intérieur ab*. L'arrondissement du fossé au saillant de la caponnière a 20 yards de rayon, et le reste de son tracé est fixé par des tangentes menées des points d et e.

Le fossé de ce qu'on peut encore appeler les bastions a 28 yards $\frac{1}{2}$, et la contrescarpe est parallèle aux faces. Les lignes CA et BC donnent les faces des contregardes qui protégent les bastions. Le fossé devant les contregardes et la demi-lune a 50 pieds de largeur, et la contrescarpe est remplacée par un glacis en contrepente de 25 yards. Les fossés de la demi-lune sont flanqués par les batteries casematées placées en D et E, qui empêchent en même temps de faire brèche aux faces des bastions. La caponnière a de chaque côté deux étages de casemates recouvertes de terre, et son intérieur est à ciel ouvert.

Au saillant de la contre-garde, en p, il y a une portion régulière de glacis qui se prolonge sur chaque branche sur une longueur égale à la largeur du fossé et on établit là un blockhaus casematé. On établit sur les capitales des bastions des casemates pour les mortiers, et on blinde les pièces des saillants; gu est un réduit intérieur casematé, l'entrée du fort et le pont-levis sont en f.

On a obtenu le défilement des longues lignes du fort en les dirigeant sur les vallons voisins.

Dans la figure (3, pl. IX) BC donne la coupe du bastion et de la contre-garde; cd celle du flanc; ab celle de la grande caponnière.

La crête de l'enceinte est à 25 pieds, et celle de la contregarde à 11 pieds au-dessus du terrain naturel. Une partie des escarpes est détachée du rempart, et leur sommet est crénelé et muni sur la face intérieure d'un chemin de rondes de 5 pieds. Il y a une galerie de ceinture tout autour de l'ouvrage pour les contremines, et des *écoutes ef* s'avancent sous le glacis en contre-pente. Le fond du fossé est environ à 20 pieds au-dessous de la surface du sol.

On a construit à Cologne, à Mayence, et sur d'autres points des ouvrages du même genre que

ceux de Coblentz, c'est-à-dire des camps retranchés appuyés par de bons forts détachés dont le
noyau est la ville, également fortifiée. Ils varient beaucoup pour les détails, mais dans les
ouvrages prussiens, au moins, on retrouve les
inspirations de Montalembert. A Lintz, sur le
Danube, les Autrichiens ont fortifié un grand
point de concentration de troupes et ont fermé
cet espace par trente-deux tours rondes.

Les travaux de défense récents de Gênes, de
Lyon et de Paris ont présenté un grand emploi de
forts détachés, qui sont même alliés à Paris avec
un système d'enceinte continue. Tout en adop-
tant quelques unes des dispositions de détail de
Montalembert, les Français s'en sont généralement tenus aux tracés de Vauban et de ses dis-
ciples.

Ce qui précède peut donner une idée générale
des transformations que la fortification a subies
depuis la fin de la guerre européenne. Néanmoins,
pendant bien des années encore, le plus grand
nombre de places que l'on aura a attaquer ou à
défendre seront tracées suivant le système bastionné.

TABLE DES MATIÈRES.

FIN DE LA TABLE.

Paris. — Typ. Beaulé, rue Jacques de Brosse, 10.

EXPÉRIENCES

DE BAPAUME.

RAPPORT

FAIT A M. LE MINISTRE DE LA GUERRE

PAR

La Commission mixte d'officiers d'artillerie et du génie, instituée le 12 juin
1847, pour étudier, sur les fortifications de Bapaume, les principes de
l'exécution des brèches par le canon et par la mine

(AVEC 24 PLANCHES.)

Ouvrage publié avec l'autorisation de M. le Ministre de la guerre,
en date du 24 octobre 1850.

PARIS

LIBRAIRIE MILITAIRE, MARITIME ET POLYTECHNIQUE
DE J. CORRÉARD
LIBRAIRE-ÉDITEUR ET LIBRAIRE-COMMISSIONNAIRE
Rue Christine, 4

Et à Londres, chez DULAU et Cie, 37, Soho-Square

1852

PARIS. — TYP. BEAULÉ, 10, RUE JACQUES DE BROSSE.